Eingezogen in die Sprache, angekommen in der Literatur

Positionen des Schreibens in unserem Einwanderungsland

Herausgegeben
von Uwe Pörksen
und Bernd Busch

Valerio 8 | 2008

Wallstein

Inhalt

Eingewandert in die Sprache – angekommen in der Literatur

Uwe Pörksen

»Eine Frage ist gegenüber der Antwort, die auf sie erfolgt, ein Weniger an Information über einen Sachverhalt, nicht etwa ein Nichts an Information«, schrieb Harald Weinrich in seiner Preisschrift zu dem Thema ›Kann Sprache die Gedanken verbergen?‹. Die Einengung durch eine Frage kann sehr weit gehen. Im Extremfall gibt sie nicht nur den Inhalt, sondern auch die Wortgestalt einer Antwort vor.

Wir haben uns gehütet, den Autoren, die sich an diesem *Valerio* beteiligen, allzu schmale Fragen vorzulegen. Wir wären der Zurückweisung sicher gewesen, zumal sich im Lauf der Jahre eine Stereotypie der Frageweise eingestellt hat, bei der die Gefragten zusammenzukken. Das Feld, das in Rede steht, ist ungemein vielgestaltig und weit. Die hier versammelten Autoren sind kein Teil einer Gruppe. Sie haben nichts gemeinsam mit deutschen Dichtergesellschaften wie dem Pegnitzer Blumenorden aus dem 17. Jahrhundert, dem Göttinger Hainbund aus dem 18., dem Spreetunnel aus dem 19. oder der Gruppe 47 aus der Mitte des 20. Jahrhunderts. Sie haben keine Gruppenseele wie die Vogelschwärme, die scheinbar unbewußt ihre Flugrichtung ändern, wohl auch kaum ein Gruppenbewußtsein, kein gemeinsames literarisches Konzept, weder einen Kopf und Organisator noch Jahrestreffen, wo auf einem elektrischen Stuhl vorgelesen und vor ihm geurteilt und gerichtet wird. Keine marktorientierte Außenpolitik.

Ihr Gemeinsames ist, daß ihre Muttersprache nicht das Deutsche, sondern Ungarisch oder Arabisch oder Japanisch ist, daß sie es als zweite oder dritte Sprache erlernt haben und zu einem Schriftsteller deutscher Sprache geworden sind. Dadurch bedingt entstehen nun allerdings doch Gemeinsamkeiten, die sich auf verschiedenste Weise ausprägen: ein besonderes Verhältnis zu unserer Sprache, ein entfernterer Blick, der im doppelten Sinn zu einer anderen Wahrnehmung führt. Wenn Galsan Tschinag erzählt, er habe zugleich mit den Lämmern ringsum das Licht der Welt erblickt, sei wie sie aus einem Schreihals, gierend nach Muttermilch, zu einem kleinen Schlafsack geworden, dann wird, wie die Linguisten so anmutig sagen, ein Transfermerkmal wirksam: Das Wort ›Schlafsack‹ ändert ruckartig seine Bedeutung. Durch das Gegenüber der Schreihälse, schreiender

Hälse, wird aus dem Schlafsack als Sack zum Schlafen ein kleiner schlafender Sack. Das neue Wort klingt seltsam ursprünglich. Tschinag ist ein Meister solcher Bedeutungsverschiebungen, des kleinen Bedeutungsrucks. Oder wenn Yoko Tawada wie eine Messerwerferin, scheinbar unbekümmert um den Sinn, mit den Lautbildern und Klangelementen der deutschen Wörter und Komposita zu spielen beginnt, so daß sich unbekannte Sinne einstellen, wird auf andere Weise ein seltsames inspirierendes Sprachvergnügen erzeugt. Es zeigt sich auch, wenn Péter Esterházy mitteilt, er sei sich vorgekommen, als habe er das Perpetuum mobile entdeckt, als er bemerkte, daß man die deutsche Artikelfrage (der, die, das) dadurch lösen könne, daß man an jedes Hauptwort ein -chen anhänge, das Löffelchen, das Gäbelchen. Oder wenn er mit diabolischem Humor sein Verhältnis zur Sprache an sich oder zum Gegensatz zwischen dem Ungarischen und dem Deutschen in Szene setzt.

»Some idiot recently stated that rhyme is now a thing of the past«, schrieb vor Jahrzehnten Archibald McLeish. Bei uns wurde das Ende des Reims für ein anzuerkennendes Epochensymptom gehalten. Unsere Vorstellungen von einer linear sich entwickelnden Zeitgemäßheit, davon also, was an der Zeit oder überholt, was modern ist, sind zwar veränderlich, aber auf seiten der Literaturkritik wie der Autoren von Zeit zu Zeit einigermaßen dogmatisch. Die Postmoderne hat auflockernd gewirkt. Aber Briefe in einem heutigen Roman? Ein Briefroman wie im 18. Jahrhundert? Erst vor kurzem aber ist ein solcher wieder einmal riskiert worden. José F. A. Oliver schreibt seinen Essay als Brief mit der erhöhten Anrede ›Werter Freund‹, das Jahrhundert scheint ihn nicht zu kümmern, ›geschätzter Freund‹, ›verehrter Freund‹, der Text ist eine erregende Bergsteigerei in den Archiven und Sprachstollen zwischen, sagen wir, Gellert und Mayröcker. Ironie und Ernst sind nicht zu trennen.

Wovon wir hier sprechen, ist auch bei Autoren deutscher Muttersprache zu finden, nur weniger auffällig, befangener. Auch das Verhältnis zur Tradition, der unseren, zu Goethe, Eichendorff, Gellert oder auch Wolfram von Eschenbach, ist auf jener Seite freier. Der große, lebensbestimmende Respekt vor Autoren wie Brecht bei Özdamar zum Beispiel oder Karasholi ist bemerkenswert. Gelegentlich geben Autoren ursprünglich anderer Sprache einem Stoff, einer Sprache, die uns bereits als abgestanden erscheinen, eine sozusagen deutschstämmigere Kontur, als wir es wagen oder vermögen. Mancher schreibt ein klassischeres Deutsch, als es den ursprünglich Hiesigen aus der Feder fließt. Auch die betonte hypertrophe Hiesigkeit, im

konservativen wie im modischen Sinn, kann eine Eigentümlichkeit der Zugewanderten sein.
Das Gegenteil ist häufiger. Schriftsteller ausländischer Herkunft verfügen über den Hintergrund eines Kulturraums, der dann als eigentümliches Gepäck bei uns anlangt und als ein Blick, der eine andere Auswahl trifft, neue Seiten bemerkt. Im glücklichen Fall erweitern sie den Horizont unserer Vorstellungswelt und Gestaltungsformen – »und manchmal kommt ein ernster Hergereister, geht wie ein Glanz durch unsre hundert Geister und zeigt uns zitternd einen neuen Griff« (Rilke, ›Werkleute sind wir‹). Sie zeigen diesen Griff mit einer Eindringlichkeit, die nur der Poesie oder auch der Philosophie gelingen kann. Sie legen neue Bruchstellen unserer Vergangenheit bloß, öffnen den Blick für anders gedachte Zukünfte. Es ist Ilija Trojanow, der an Wolfram von Eschenbachs uns ferngerückte Identitätsformel erinnert, wo er Parzival mit seinem elsternfarbigen Halbbruder Feirefiz kämpfen und ihn, den ungetauften, anderen Göttern verpflichteten Bruder, nachdem Parzivals Klinge glücklicherweise zersprungen ist, sagen läßt: »Mit dir selben hâstû hie gestriten, mich selben hette ich gerne erslagen« (Mit dir selber hast du hier gekämpft, mich selber hätte ich gern totgeschlagen).
Vor fast 30 Jahren gab es doch einen Versuch der Gruppenbildung. Die 1980 gegründete Gruppe »Südwind Gastarbeiterdeutsch«, deren Buchreihe in einem Bremer Verlag erschien, wurde noch im gleichen Jahr unter anderen von Rafik Schami und Franco Bondi, die schon an der ersten Gründung beteiligt waren, ergänzt durch einen »Polinationalen Literatur- und Kunstverein« in Frankfurt, kurz PoLiKunst. Der Verein versuchte durch Lesungen und Ausstellungen, Jahrbücher und internationale Begegnungen, die ausnahmehafte Literatur der Gastarbeiter ins allgemeine Bewußtsein zu rücken. Schon nach drei Jahren, 1983, verließ er diese programmatische Einengung und nannte sich einfach »Südwind Literatur«. Damit geriet, wie Lerke von Saalfeld einleitend zu ihren sachkundig geführten, unverändert lesenswerten Gesprächen mit zehn herausragenden Autoren schreibt, der »Brückenschlag« zwischen der deutschen und den anderen Literaturen ins Zentrum. Nicht die Situation des Gastarbeiters, sondern die geformte Mitteilung dessen, was überhaupt Thema von Literatur sein kann, wurde wichtig. (Saalfeld 1998, S. 13ff.) Man verabschiedete sich von Parolen.
Von der hiesigen Seite war schon in den gleichen Jahren, ebenso behutsam wie erfolgreich, Harald Weinrich auf dem Plan. Wie er als Gründer des Münchener Instituts »Deutsch als Fremdsprache« zunächst im dtv-Verlag eine Taschenbuchreihe auf den Weg brachte, in

der Anthologien Auskunft über die sich hier regenden kreativen Arbeiten gaben, und daraus seit 1985 in Zusammenarbeit mit der Robert Bosch Stiftung und von ihr angeregt der angesehene Chamisso-Preis entwickelt wurde, ist von ihm in diesem Band unter der schönen Überschrift »Ein Rinnsal, das Fluss und Strom werden wollte« dokumentiert worden. Hier war ein Ort, wo diese Literatur als Literatur eine sich stetig erweiternde Aufmerksamkeit fand.

Inzwischen kann man lesen, daß einem Träger dieses Preises, der sich durch ihn sehr geehrt fühlt, selbst die durch den Namen Chamisso-Preis ausgesprochene Hervorhebung, als sei man etwas Apartes, nicht ganz Dazugehöriges, zuweit geht. Wenn die hier vorgelegten Texte etwas beweisen, so jedenfalls, daß die Chamissos der Gegenwart auf individuell unterschiedlichste Weise eingewandert in die Sprache, angekommen in unserer Literatur sind.

Chamisso war im 19. Jahrhundert eine Ausnahme. Wir sind seit den 60er Jahren des 20. in einem bis dahin unbekannten Grade – aller politischen Sprachregelung zum Trotz – ein Einwanderungsland gewesen, auch als Literatur. Und hier könnte die Einwanderung in besonderem Maße gelungen sein. Das Herder-Institut in Leipzig wird von seinen Absolventen in hohen Tönen gerühmt, der Chamisso-Preis der Robert Bosch Stiftung war ein wirkungsvoller Pfeiler. Was anderen Ländern wie zum Beispiel England viel geläufiger ist, der Fall Joseph Conrad – ob ein eingewanderter Autor nun besonders seine Herkunftsklientel anspricht oder die Klientel des Ankunftslandes –, kann auch bei uns nicht folgenlos sein. Schwieriger wäre zu sagen, worin die Folgen bestehen. Hat es dazu geführt, daß unsere Nationalliteratur, die lange vor allem antike und danach europäisch-nachbarliche Wurzeln hatte, sich jetzt durch den erweiterten Radius zur Weltliteratur gemausert hat? Es gibt diese Auffassung. Dabei ist Weltliteratur zunächst nicht als Qualitätsbegriff gemeint, sondern als Hinweis auf die Herkunft ihrer Wurzeln, ihrer Stoffe, ihrer Anregungen, ihrer Auflockerung. Weltliteratur könnte in der Gegenwart auch in der Weise verstanden werden, daß in ihr die Ungebundenheit an einen Ort, die mangelnde Verwurzelung der Hauptzug ist. Dies Motiv ist nicht selten gerade in den Werken der Autoren ausländischer Herkunft. Das Thema Identität taucht auf als das eines Verlusts oder könnte auftreten als das eines Chamäleons, das auf einem Spiegel liegt und bei dem Gang durch die Milieus und Kulturräume in der Lage ist, jede Farbe anzunehmen oder auch zu geben.

Lerke von Saalfeld nennt ihren Beitrag »Stromschnellen«. Viele heutige Autoren haben, was Europa in Jahrhunderten, sozusagen im

Schneckentempo, unter Widerständen durchgemacht und durchgespielt hat, im Zeitraffer, innerhalb einer Biographie erfahren. Da wird einer im Rundzelt oder in einer archaischen Siedlung geboren, erlebt die Schulzeit in einem sozialistisch-stalinistischen Quadrat, erfährt darauf, daß die DDR ein freundliches Land ist und begegnet danach den unendlich changierenden Möglichkeiten des Westens.
Daß zugewanderte Autoren die Reichweite unserer Sprache, das Spektrum der Gattungen und stilistischer Möglichkeiten erweitern und für vermehrte Weltluft sorgen, liegt auf der Hand. Weltliteratur als Qualitätsbezeichnung meint, wenn ich richtig verstehe, vor allem ihre allgemeine, die Grenzen überspringende Gültigkeit. Dabei ist nicht selten aufgefallen, daß sie zugleich durch ihre lokale Verortung ausgezeichnet ist, durch die Farben und den Geruch und die soziale Lebensform einer Stadt, einer Landschaft: Athen oder Florenz, Barcelona oder Lissabon, St. Petersburg oder Lübeck oder Weimar oder Prag, Zürich oder Dublin. Wo also im emphatischen Sinn von Weltliteratur die Rede ist, erscheint diese Bindung an einen Ort als ein Charakteristikum. Das könnte bei den Autorinnen und Autoren, von denen hier die Rede ist, die Form annehmen, daß sie erst in der Fremde ganz den Ort ihrer Herkunft entdecken – ihr Ithaka –, und daraus entsteht ein Werk der Weltliteratur. Der Möglichkeiten sind viele. Es kann eben auch geschehen, daß unbedingte Ortlosigkeit das Meer ist, das ausgelotet wird: Odysseus hat viele Nachfahren.

Ein Rinnsal, das Fluss und Strom werden wollte

Zur Vorgeschichte des Adelbert-von-Chamisso-Preises

Harald Weinrich

»Deutsch als Fremdsprache«, so lautete der Name des Lehrstuhls an der Universität München, dessen Aufgaben ich seit seiner Einrichtung im Jahr 1978 wahrzunehmen hatte. Mit dem Gründungsauftrag für das mit dem Lehrstuhl verbundene Institut war das Privileg verbunden, die Konturen dieses neuen Faches zu bestimmen. Von Anfang an stand dabei für mich außer Zweifel, dass zu einer solchen »Xeno-Germanistik«, wie ich mein Fachgebiet gelegentlich – mehr im Scherz als im Ernst – nannte, nicht nur die deutsche Sprache, sondern zu gleichen Rechten auch die deutsche Literatur gehörte, beide jedoch aus einer Fremdperspektive, sozusagen von außen, betrachtet.

Aber wie und wo konnte man eine solche Literatur und die zu ihr passende Literaturbetrachtung finden? Die einschlägigen Literaturgeschichten gaben darüber keine Auskunft, und auch die Literaturkritik der Medien hatte noch eine längere Zeitstrecke vor sich, bis sie mit einigem Erstaunen das Neue, das da aus der Fremde zu uns kam, zur Kenntnis nahm.

Am Institut für Deutsch als Fremdsprache, kaum dass es gegründet war, gingen wir unverzüglich ans Werk, um von dieser Literatur eine möglichst anschauliche Vorstellung zu gewinnen, wobei mir von Anfang an Irmgard Ackermann und einige Zeit später auch Dietrich Krusche und Karl Esselborn als unentbehrliche Helfer zur Seite standen.

Um nun dieses in der Öffentlichkeit noch ziemlich unbekannte Feld auszukundschaften, erwies sich für den Anfang das Instrument eines literarischen Preisausschreibens als besonders geeignet. Man kann sich das erste Preisausschreiben, das schon 1979 unter dem Titel »Deutschland – fremdes Land« ausgeschrieben wurde, gar nicht einfach genug vorstellen. Es wurde sozusagen in Handarbeit im näheren und weiteren Umkreis von München bekannt gemacht und trug uns rund hundert Einsendungen der verschiedensten Art ins Haus. Es wurden auch schon Preise ausgesetzt. Ich erinnere mich, dass es gelang, vom Auswärtigen Amt DM 400,– flüssigzumachen, aus denen ein Hauptpreis und vier Nebenpreise gebastelt wurden.

Ermutigt durch die Einsendungen, unternahmen wir im Folgejahr 1980 einen neuen Versuch mit einem zweiten literarischen Wettbewerb, nun mit dem Thema, wie man als Fremder in Deutschland lebt. Die Ausschreibung erhielt mit Hilfe des Goethe-Instituts einen größeren Radius, so dass wir das Mehrfache an Einsendungen erhielten. Auch die Preise schnellten bis zu DM 1000,– in die Höhe, da der Deutsche Literaturfonds für das Vorhaben zu gewinnen war. Viel wichtiger für den Erfolg unseres Unternehmens war es jedoch, dass Heinz Friedrich, der seinerzeitige Verlagsleiter des Deutschen Taschenbuchverlages, sich gerne dazu bewegen ließ, aus den beiden Preisausschreiben die besten Stücke, Poesie ebenso wie Prosa, in Gestalt eines dtv-Bändchens unter dem Titel *Als Fremder in Deutschland* in sein Verlagsprogramm zu übernehmen. Das von Irmgard Ackermann herausgegebene Taschenbuch im Umfang von rund zweihundert Seiten erschien 1982 und ging schon 1983 in die zweite Auflage.

Unter den Autoren dieser Anthologie befanden sich auch nicht wenige Angehörige der ersten oder zweiten Gastarbeiter-Generation, wie man damals noch sagte. An ihnen waren wir anfangs besonders interessiert, da einige von ihnen sich schon selber in verschiedenen Solidaritätsgruppen wie zum Beispiel »Südwind – Gastarbeiterdeutsch« und »PoLiKunst« organisiert hatten. Auch einige Kleinverlage brachten schon den Mut auf, Texte dieser weitgehend unbekannten Autoren zu publizieren. Für alle derartigen Initiativen war es eine nicht geringe Ermutigung, dass nun auch ein großer Verlag ihren Stimmen Gehör verschaffte.

Aus den Erträgen ähnlicher, aber größer dimensionierter Literaturwettbewerbe entstanden in den Folgejahren am Institut für Deutsch als Fremdsprache noch einige weitere Anthologien, wiederum in Form von dtv-Bändchen herausgegeben von Irmgard Ackermann oder auch von Karl Esselborn, einmal auch vom Verleger selbst, Heinz Friedrich, der sich immer mehr für die Literatur von Ausländern in Deutschland passionierte. Um die verschiedenen Aspekte der Thematik zu beleuchten, mag es hier genügen, nur die Titel dieser Taschenbücher zu nennen: *In zwei Sprachen leben* (1983), *Türken deutscher Sprache* (1984), *Chamissos Enkel* (1986), *Über Grenzen* (1987). Alle diese Publikationen waren von Vor- und Nachworten begleitet, in denen die teils theoretischen, teils pragmatischen Gesichtspunkte erörtert wurden, die sich bei der Sichtung und Lektüre dieser literarischen Beiträge aufgedrängt hatten.

Eine besondere Intensität erreichten unsere Bemühungen im Jahr 1983. Es gelang, die Bayerische Akademie der Schönen Künste zu bewegen, die Jahresfeier der Akademie unter das besondere Thema der Migrantenliteratur zu stellen. Bei dieser Gelegenheit wurden auch zum ersten Mal zwei Autoren dieser Gruppe mit öffentlichen Preisen, nämlich den Ehrengaben der Akademie, ausgezeichnet: der Türke Aras Ören und der Italiener Franco Biondi.

Von Aras Ören lasen wir damals mit Bewunderung vor allem das große Poem ›Was will Niyazi in der Naunynstraße?‹ (1973). Es gehört nämlich, wie der Leser erfährt, zur proletarischen Geschichte dieser Kreuzberger Straße, dass in ihr vor dem türkischen Stanzer Niyazi schon der deutsche Monteur Gustav Kutzer und der aus Ostpreußen nach Berlin eingewanderte Schlosser Franz Brummel gewohnt hatten. Aras Ören entdeckte nun in seinen Versen diese historische Ahnengalerie, an die sich ohne Bruch auch eine Generation türkischer Arbeiter anschließen ließ. Hier ein paar Zeilen aus dem Poem:

Ein verrückter Wind eines Tages
wirbelte den Schnurrbart eines Türken,
und der Türke rannte hinter seinem Schnurrbart
her und fand sich in der Naunynstraße. […]
Und die Naunynstraße wurde
voll von frischem Thymiangeruch,
voll frischem Haß,
voll Sehnsucht,
voll mit Hoffnung,
bedeckt mit Steppenduft.
Und die Naunynstraße, dämmrigfeucht
nahm sie auf, die
aus den Orten der Wildnis.
An so vielen Abenden,
an so vielen Morgen
wurde jeder in dieser Straße
jedem vertraut,
und jedes Ding von jedem in dieser Straße
ein gewohntes Stück,

so daß heute
die Naunynstraße ohne Türken
zwar noch die Naunynstraße wäre,
aber an ihren alten Tagen
ohne neuen Anfang.

Von Franco Biondi, dem anderen Empfänger einer Ehrengabe, will ich hier nur kurz an seine Geschichte von »Passavantis Rückkehr« erinnern. In Deutschland hatte der Gastarbeiter aus Sizilien mit dem sprechenden Namen Passavanti an seinen Bierabenden noch Mühe gehabt, einigermaßen akzentfrei »Ober, zahlen!« zu rufen, um bei den Deutschen nicht als Fremder aufzufallen. Nun hat er zum ersten Mal Urlaub und kommt nach Sizilien zurück. Dort aber fällt er durch seine Kleidung und sein Verhalten sofort als Fremder auf und macht sich allerseits unbeliebt. Unsicher geworden, verhält er sich fast wie ein deutscher Tourist: »Saumäßig schmeckt das Bier, wie verdünntes Seifenwasser!« Den Rotwein aber, den man ihm schließlich vorsetzt, lässt man ihn nicht bezahlen, da er ja Gast ist. Als Doppeltfremder kehrt er aus dem Urlaub nach Deutschland zurück.

Auf der Jahresfeier der Akademie, bei der die beiden genannten Autoren für Texte wie diese ihre Ehrengaben erhielten, hatte ich als Mitglied der Akademie die Aufgabe übernommen, den Festvortrag zu dieser Thematik zu halten. Ich gab meinem Vortrag den Titel »Um eine deutsche Literatur von außen bittend«. Der Titel war angelehnt an einen berühmten Vortragstitel, den der spanische Philosoph Ortega y Gasset im Goethe-Jahr 1932 für einen vielbeachteten Goethe-Essay gewählt hatte: »Um einen Goethe von innen bittend« (»Pidiendo un Goethe desde dentro«). Die Dialektik des Außen (hier zum Beispiel Spanien) und Innen (hier zum Beispiel Weimar) schien es mir zu verdienen, unter veränderten politisch-kulturellen Bedingungen wiederbelebt zu werden. Es möge mir daher ausnahmsweise gestattet sein, aus meinem Vortrag selber einen Satz zu zitieren. Er lautet: »Deutschland ist ein Land, aus Sprache und Geschichte gemacht, und alle Personen, die von der deutschen Sprache einen solchen Gebrauch machen, daß sie diese Geschichte weiterschreiben, sind unsere natürlichen Landsleute, sie mögen von innen kommen oder von außen.«

Der Akademie-Vortrag wurde von der Kulturzeitschrift *Merkur* noch im gleichen Jahr abgedruckt. Er war flankiert, ebenfalls noch im Jahr

1983, von einem längeren Artikel, den ich in der *Frankfurter Allgemeinen Zeitung* veröffentlichte unter dem von Heinrich Heine geprägten und von Aras Ören umgeprägten Titel »Deutschland – ein türkisches Märchen«.

Im gleichen Jahr 1983 begannen am Institut für Deutsch als Fremdsprache die Vorarbeiten dafür, die Thematik und Problematik einer nach außen hin weit geöffneten deutschen Literatur auch in den theoretischen Diskurs der Geisteswissenschaften einzuführen. Das geschah maßgeblich in einem wissenschaftlichen Colloquium, das – allerdings erst im Jahre 1985 – bei der Werner Reimers Stiftung in Bad Homburg stattfand. Es stand unter dem Thema: »Eine nicht nur deutsche Literatur«. An diesem Colloquium nahmen außer mehreren der damals bekanntesten Ausländer-Autoren auch einige binnendeutsche Autoren und Literarhistoriker teil, die sich aber darauf verständigten, möglichst nur aufmerksam zuzuhören und gegebenenfalls ergänzende Fragen zu stellen. Der Ertrag und Zugewinn, den die deutsche Literatur gerade von außen zu erwarten hatte, sollte so spontan wie möglich und ohne Gängelung von der Innenseite zu Gehör gebracht werden. Für das in dem Homburger Colloquium zum Ausdruck gebrachte Selbstverständnis der Ausländer-Autoren lässt sich aus den Protokollen und dem »Vorläufigen Schlusswort« der 1986 im Piper-Verlag publizierten Beiträge des Colloquiums als wichtigstes Ergebnis der Konsens herauslesen, die bis dahin weithin vorherrschende Betroffenheits-Ästhetik, das heißt, vereinfacht gesprochen, ihren klagend-anklagenden Tonfall zu vermeiden. Damit sollte zugleich entschieden sein, alle thematischen Beschränkungen der sogenannten »Gastarbeiter-Literatur« zu verabschieden und den Weg in die deutsche Literatur ohne Parteilichkeiten gleich welcher Art fortzusetzen.

*

So weit die Vorgeschichte des Adelbert-von-Chamisso-Preises. Nun steht mir noch glücklicherweise die Hauptsache bevor, nämlich von seiner eigentlichen Entstehung einen kurzen Bericht zu erstatten. Ich möchte daher die Zeit noch einmal anhalten bei dem Jahr 1984, das für alle bisherigen Bemühungen die entscheidende Wende brachte. Die Robert Bosch Stiftung trat auf den Plan. Jetzt denkt vielleicht mancher, es wäre von irgendjemand ein Antrag gestellt worden und auf dem Dienstweg nach Stuttgart gelangt. Nein, so war es ganz und gar nicht. Der Chamisso-Preis ist nicht auf dem Antrags- und Dienstweg entstanden. Es war vielmehr so, dass eines schönen Sommertages des Jahres 1984 ein Abgesandter der Robert Bosch Stiftung, Christoph Walter, beim Münchner Institut für Deutsch als Fremdsprache vorsprach und sogleich zu erkennen gab, dass er aus sorgfältiger Lektüre der Kulturzeitschriften wie auch aus anderen Quellen über die literarischen Aktivitäten des Instituts auf diesem Gebiet hervorragend unterrichtet war. Bei einem Mittagessen beim Italiener, an dem außer Christoph Walter und mir auch Irmgard Ackermann teilnahm, unterbreitete der Stuttgarter Abgesandte den Münchner Gesprächspartnern zu deren freudiger Überraschung die Bereitschaft der Robert Bosch Stiftung, auf dem Feld der Migranten-Literatur mäzenatisch tätig zu werden und für einen regelmäßig zu verleihenden, größeren Literaturpreis die erforderlichen finanziellen Mittel bereitzustellen.

Die helle Freude beflügelte alle drei Gesprächspartner, und kaum war man beim Espresso angelangt, da stand schon in groben Umrissen fest, wie die Stuttgarter Idee am besten verwirklicht werden könnte. Der neue Literaturpreis sollte auf jeden Fall den Autoren und Autorinnen fremder Muttersprache vorbehalten sein, die in deutscher Sprache einen bedeutenden Beitrag zur deutschen Literatur geleistet haben. Es sollten jährlich ein Hauptpreis und ein Förderpreis verliehen werden. Weitere Anstrengungen, beispielsweise in Gestalt von Lesungen, waren zur Förderung und Verbreitung dieser Literatur vorgesehen. Die dafür erforderlichen Geldmittel sollten von der Stuttgarter Stiftung kommen, die anfallenden Arbeiten jedoch vom Münchner Institut geleistet werden. Was die zukünftigen Preisträger anging, so sollten sie von einer unabhängigen Jury ermittelt werden, in der außer den genannten Institutionen auch das Goethe-Institut vertreten wäre.

Es blieb nun noch die wichtige Frage zu erörtern, in wessen Namen und Auftrag eigentlich der Preis verliehen werden sollte. Da die Robert Bosch Stiftung anfänglich noch nicht in vorderster Linie in Erscheinung treten wollte, gingen unsere Überlegungen eine Zeitlang hin und her zwischen verschiedenen Institutionen und der Bayerischen Akademie der Schönen Künste. Schließlich bildete sich eine deutliche Präferenz für die Münchner Akademie heraus, vor allem deshalb, weil sie bereits so eindrucksvolle Vorleistungen erbracht hatte. Eine große Rolle spielte dabei auch die Tatsache, dass unser bester Verbündeter, Heinz Friedrich, inzwischen zum Präsidenten dieser Akademie gewählt worden war.

Eine letzte Frage war jetzt noch offen. Wer sollte der Namengeber des Preises werden? In engster Wahl standen am Ende Elias Canetti und Adelbert von Chamisso. Warum Canetti? Das war eigentlich klar. Er war tatsächlich ein Autor deutscher Zunge, der von außen kam und sein Deutsch in jungen Jahren, nach Judenspanisch und Bulgarisch, als seine dritte Sprache erlernt hatte. Ausgerechnet diese Drittsprache aber hatte dieser jüdische Schriftsteller im englischen Exil zu seiner geliebten Literatursprache gewählt. Und eben für diese deutsch geschriebenen Werke war er im Jahre 1981 mit dem Nobelpreis für Literatur ausgezeichnet worden.

Bei aller Sympathie für den damals noch lebenden Autor Canetti habe ich dennoch damals – auch das geschah noch in derselben Besprechung – den halb deutschen und halb französischen Namen des Dichters und Wissenschaftlers Adelbert von Chamisso ins Gespräch gebracht. Chamisso war, wie wir alle wissen, ein Grafensohn aus der Champagne, der von der Französischen Revolution nach Deutschland und Preußen verschlagen wurde und auf den verschlungenen Wegen des Exils hierzulande ein großer Dichter, ja ein Klassiker der deutschen Literatur geworden war. Bei der Option Chamisso spielte auch dessen weltbekannte Novelle von Peter Schlemihl, dem Mann ohne Schatten, eine beträchtliche Rolle. Es sollte damit deutlich werden, dass die »Chamisso-Autoren«, wie wir später gelegentlich verkürzt sagten, auf dem Weg in die deutsche Literatur ihren Schatten nicht einbüßen sollten.

So war also nun der Adelbert-von-Chamisso-Preis konzipiert, dem recht bald alle drei beteiligten Institutionen, also die Robert Bosch Stiftung, die Bayerische Akademie der Schönen Künste und – ohne langes Fackeln an den zuständigen Hierarchien der Universität München vorbei – das Institut für Deutsch als Fremdsprache, für eine Dauer von zunächst fünf Jahren ihre verlässliche Zustimmung gegeben haben. Und so konnte noch im Jahre 1984 die Satzung für die Einrichtung des Chamisso-Preises von Peter Payer für die Bosch Stiftung, von Heinz Friedrich für die Akademie und von mir für das Institut unterzeichnet werden. Auf drei sehr unterschiedlichen, aber festen Säulen stand nun der Chamisso-Preis, der in seiner ersten Phase mit DM 15.000,– für den Hauptpreis und mit DM 7.000,– für den Förderpreis ausgestattet war.

Auf einer denkwürdigen und für viele von uns unvergesslichen Veranstaltung im Festsaal der Bayerischen Akademie der Schönen Künste in

München wurde im Februar 1985 der Chamisso-Preis zum ersten Mal verliehen. Erster Preisträger für den Hauptpreis war der hier mit einigen Versen schon vorgestellte türkische Schriftsteller Aras Ören, für den Förderpreis der syrische Schriftsteller Rafik Schami, der ein paar Jahre später selber auch noch Träger des Hauptpreises und ordentliches Mitglied der Bayerischen Akademie der Schönen Künste werden sollte. Mehr als fünfzig Autorinnen und Autoren aus ich weiß nicht wie vielen Ländern des ganzen Erdkreises sollten ihnen in den folgenden Jahren als Preisträger nachfolgen und diesem Preis mit ihren ausgezeichneten Werken sein bis heute stetig gewachsenes Ansehen verleihen.

Aus dem Festakt zur ersten Verleihung des Chamisso-Preises ist mir noch ein Aspekt besonders erinnerlich, der für das Friedenswerk dieses Preises bezeichnend zu sein scheint. Als Laudator für den aramäisch-christlichen Araber Rafik Schami konnte der jüdisch-israelische Autor Dan Diner gewonnen werden. Das war damals möglich, wenn auch nicht ganz selbstverständlich und sollte auch im 21. Jahrhundert wieder möglich sein und vielleicht sogar selbstverständlich werden. Aus der Rede des Laudators ist mir übrigens ein Satz besonders deutlich in der Erinnerung geblieben, weil er in wenigen Worten erklärt, warum wir Binnendeutschen auf die literarischen Stimmen von außen auch zu unseren eigenen Gunsten nicht verzichten können. Dan Diner stellte nüchtern fest: »Die Minderheit kennt die Mehrheit besser als diese sich selbst.«

Hier endet nun mein Bericht über die Vorgeschichte und Entstehung des Adelbert-von-Chamisso-Preises, und es beginnt dessen eigentliche Geschichte, die von anderen besser als von mir erforscht, geschrieben und vorgetragen werden kann. Ich möchte mir jedoch zum Abschluss noch einen kleinen Ausblick in der Zeitfolge gestatten. Als nämlich der Chamisso-Preis zum ersten Mal verliehen wurde, war Deutschland noch ein geteiltes Land. Dann kam zu unserem Glück 1989/1990 die Wende, die Wiedervereinigung, und auch viele andere Grenzen fielen. Es war allen am Chamisso-Preis beteiligten Institutionen klar, dass die Jury sofort um mindestens eine Stimme aus den neuen Bundesländern zu erweitern war. So geschah es auch, und es dauerte nicht lange, bis diese Zuwahl Früchte trug. Im Jahre 1992 konnten gleich zwei Hauptpreise verliehen werden: der eine an den syrischen Autor Adel Karasholi und der andere an den tuwinisch-mongolischen Autor Galsan Tschinag, beides Leipziger Bürger während langer DDR-Zeiten. Auch in den nachfolgenden Jahren erwies sich der Adelbert-von-Chamisso-Preis mit Vorrang als ein weit sich öffnendes Fenster auf die noch mehr oder weniger fremde Welt des östlichen Mitteleuropas sowie des Nahen, Mittleren und Fernen Ostens. Auf diese Weise hat er uns Jahr um Jahr deutlicher gezeigt, dass die deutsche Literatur nicht als eine bloß innere Angelegenheit des deutschen Sprachraums zu betrachten ist und dass darüber hinaus die Weltliteratur als ganze nicht mit rein westlichen Augen angesehen werden darf. Der Namenspatron unseres Preises jedenfalls, der liebenswürdige Dichter und allem Fremden gegenüber aufgeschlossene Wissenschaftler und Weltreisende Adelbert von Chamisso, hat sich in seinem bewegten Leben mit einem national oder eurozentrisch begrenzten Weltbild niemals abgefunden. Und so denke ich auch, dass er an dem Preis, der seinen Namen trägt, seine helle Freude gehabt hätte.

Oh, Vienna

Aris Fioretos

An einem Herbsttag 1981 traf er in der Hoffnung in Wien ein, als österreichischer Schriftsteller betrachtet zu werden – plus/minus einiger vitaler Prozente. Etwas Ähnliches hatte er bereits ein paar Jahre zuvor versucht, damals allerdings als halbgriechischer Abiturient in Athen und mit recht bescheidenem Erfolg. Nun wollte er sich in einer Kultur revanchieren, von der er annahm, dass sie, zumindest alphabetisch gesehen, weniger Anpassung erforderte. Als er an diesem Septembernachmittag im Westbahnhof aus dem Zug stieg, musste er jedoch erkennen, es war leichter gesagt als getan, ein Landsmann von Trakl, Kraus und Falco zu werden. Sein Deutsch war das eines Kindes und die Erinnerungen an frühere Aufenthalte in der Stadt nur in Maßen hilfreich. Da gab es die Schneiderpuppe, die im Elternhaus seiner Mutter gestanden hatte; es gab die Zeichnungen, die jede Woche liebevoll aus der *Kronenzeitung* ausgeschnitten und ihm, dem ältesten Enkelkind im hohen Norden, zugeschickt worden waren; und da gab es die Absenderin der Zeichnungen, eine pensionierte Näherin mit Hüftproblemen, die von ihren Freunden nie anders als Hedi genannt wurde. Darüber hinaus erinnerte er sich nur noch an die gerösteten Maronen, die an Straßenecken tütenweise von Menschen verkauft wurden, denen immer etwas fehlte (ein Arm, ein paar Schneidezähne, ein Bein); von engen Krägen und Kommunistenangst geplagte Pfarrer; sowie den gekachelten Fußboden in Omis Toilette, der vor Kälte zu brennen schien, wenn er sich in einem Winter barfuß und schläfrig vor dem Kindergarten die Zähne geputzt hatte. Es war für jeden ersichtlich, Erinnerungen dieser Art waren viel zu harmlos, um ihn zum Österreicher zu machen – geschweige denn zum Wiener. Oder Schriftsteller. Am meisten irritierte ihn allerdings, dass seinen Erlebnissen der Weltschmerz und die Aura schönen Verfalls fehlten, die sich auf Ultravox' *Vienna* finden ließen, einer Platte, die im Vorjahr erschienen war und während eines Rückfalls in die Rockmusik den Soundtrack zu seinen Träumen geliefert hatte.

Es fiel nämlich unerwartet schwer, *A man in the dark in a picture frame / So mystic and soulful* zu spielen, wenn das Repertoire aus Kindheitserinnerungen in der Burggasse bestand. Und Verwandte machten es nicht eben leichter, sich in die suggestive Gewalt der Stadt zu begeben. Was ihn betraf, waren sie ein knappes Dutzend: die beiden Halbgeschwister der Großmutter, Tante Mitzi und Onkel Wicki, der ältere Bruder K. und die jüngere Schwester E. seiner Mutter mit ihren jeweiligen Angetrauten sowie deren Kinder – zwei pro Paar. Die Aufteilung war so logisch und zwingend wie je eines der Theoreme des Wiener Kreises. Und philosophisch ebenso relevant. Denn wie die Kultur, aus der seine Mutter Mitte der fünfziger Jahre aufgebrochen war, um einem tuberkulosekranken Griechen nach Schweden zu folgen, bestand die Familie aus zwei Lagern. Auf der einen Seite gab es die guten Bürger: angesehene Steuerprüfer, hohe Bankangestellte und zukünftige Meteorologen, die Wert auf Lodenkleidung, nachmittäglichen Kaffee im Dehmel und Skiurlaub legten. Auf der anderen Seite standen die Bohemiens: Uhrmacher, Südamerikareisende und Künstler, die sich die Haare selber schnitten, Janis Joplin hörten und eine natürliche Verbindung zwischen magnetischer Strahlung, Kristallen und Leo Navratils Studien zur Psychopathologie des künstlerischen Ausdrucks erkannten. Das Tiefsinnigste, was sich über diesen Unterschied sagen ließ, war, dass Plus- und Minuspol der Familie wechselten, je nachdem, ob die »Schweden« mit jemandem aus der Herrengasse/Tuchlauben- oder der Praterstern-Fraktion sprachen. Sowie, dass man nicht Hegel gelesen haben musste, um zu begreifen, die österreichische Seele war ihrem Wesen nach dialektisch.

Als er den Koffer an diesem Herbsttag auf den Bahnsteig herunterhob, war die Großmutter seit acht Jahren tot, und er konnte sich nicht zu der einzigen Instanz zurückziehen, die sich über eine gespaltene Welt erhoben hatte – oder zumindest über das manichäische Wien, das möglicherweise eine Ordnung etwas höheren philosophischen Ranges war. Vor ihm lag ein viermonatiger Aufenthalt in einer leeren Wohnung im zweiten Bezirk. Dort gedachte er mit Hilfe seiner Reiseschreibmaschine zu erkunden, ob es eine dritte Art gab, Österreicher zu sein, die keine der Alternativen bestätigte, die seine Verwandten bereits für sich in Anspruch genommen hatten. In seinem Koffer lag ein noch ungelesenes Exemplar von Thomas Bernhards *Frost*, das er in Paris in einer deutschen Buchhandlung gefunden und zu seiner Einführung in die österreichische Dialektik auserkoren hatte. Er hatte das Buch willkürlich aufgeschlagen und auf Seite elf eine Textstelle entdeckt, in welcher der Autor über »erhöhte Tätigkeit« und »herabgesetzte Leistung« sprach. Was konnte treffender die beiden Pole beschreiben, die Pracht und den Verfall, in der Kultur, für die er in diesem Herbst ein Beispiel werden wollte?

Die erste Enttäuschung ließ nicht lange auf sich warten. Auf der Zugfahrt aus Frankreich hatte er sich das Abteil mit einem Autozeitschriften lesenden Geistlichen und einer eleganten Dame in Schwarz geteilt, die in München zugestiegen war. Am Fenster sitzend hatte er sein Bestes gegeben, zugleich verträumt und dämonisch zu wirken – geplagt von Genialität, oder zumindest Migräne. Als sie sich ihrem Reiseziel näherten, durfte er konstatieren, es war ihm gelungen. Während er Zeitung und Zigaretten wegpackte, gewann er den Eindruck, dass die weibliche Mitreisende – war sie Spionin? Schauspielerin? Psychoanalytikerin? – ihn mit einem fragenden Blick ansah. Leider hinderte seine Schüchternheit ihn, ein Wort über die Lippen zu bringen. Auf den Bahnsteig herabgestiegen, wusste er, nun hieß es, jetzt oder nie. Mit dramatischen Augen wandte er sich der Frau zu und wollte sich ihr gerade vorstellen, als jemand mit irritierend lauter und fröhlicher Stimme seinen Namen rief. Quer durch die Menschenmenge schreitend kam sein formidabler Onkel, der Bankangestellte, auf ihn zu. Kaum hatte der Verwandte seinen Koffer erreicht, als er sich auch schon über diesen vorlehnte und ihn nach allen Regeln des Wiedersehens auf die Wangen küsste. Dann trat er einen Schritt zurück, während er gleichzeitig mit den Händen auf den Schultern des Neffen zunächst seine Schuhe, dann das dünne Jackett begutachtete, das er auf dem Flohmarkt an der Port Clignoncourt erstanden hatte. »Nichts für Wien«, verkündete er so, dass sämtliche aussteigenden Fahrgäste es hören konnten. »Wir finden etwas Besseres in meiner Garderobe!« Während der Schwede stumm, glühend und zu Tode beschämt im Bahnsteig versank, sah er seine große Liebe zwischen den Menschen davongehen, aus seinem Leben verschwinden.
Onkel K. erklärte, ihn zur Wohnung seiner Schwester am Praterstern fahren zu wollen. Während der ruckelnden Fahrt durch den abendlichen Berufsverkehr, mal im ersten, mal im zweiten Gang, erläuterte er, was seiner Meinung nach als die begrenzten Vorteile betrachtet werden musste, in einem Viertel zu wohnen, in dem leicht zugängliche Damen vor den Hotels postiert standen, Gastarbeiter die Wohnungspreise sinken ließen und ein herabgewirtschaftetes Riesenrad den Horizont vergoldete. »Fort, fort, fort!«, donnerte er über den bockenden Motor hinweg. »Alles muss saniert werden, vom Keller bis zum Dach!« Als schließlich vor dem Hauseingang seiner Tante der Motor aussetzte, erwartete ihn die nächste Enttäuschung. Während sich sein Blutdruck wieder normalisierte, erklärte Onkel K., er könne ihm keine Schlüssel zu der Wohnung geben. Tante E. habe sich entschlossen, den Herbst doch nicht wie geplant auf dem Land zu ver-

bringen. Aber wenn er am nächsten Abend seinen Teil der Familie besuchen kommen wolle – auf der Plusseite des Lebens, sozusagen –, werde er dafür sorgen, dass der Neffe Kleider bekam, wie sie einem frisch eingetroffenen Wiener anstanden. Als der Schwede den Klingelknopf der Tante drückte, erkannte er, das mit *mystic and soulful* konnte er vergessen. Eine knappe Stunde in der Stadt, und schon war seine ästhetische Autonomie bedroht.

Drei Treppen höher wartete der andere Teil der Familie – der sich angesichts der Zukunft, die sein Onkel kürzlich in Aussicht gestellt hatte, plötzlich ebenfalls auf der Plusseite des Lebens zu befinden schien. Nach Suppe und Schnaps wurde er im ehemaligen Schlafzimmer seiner Kusine einquartiert. In den folgenden Tagen stellte er zwar die Möbel um und räumte Puppen und Schulbücher weg, aber bessere Verdrängungsmechanismen waren erforderlich, um in dem hellen Mädchenzimmer die passenden Voraussetzungen für *the dark in a picture frame* ausmachen zu können. Seine Rettung wurde der Schreibtisch, an dem seine Kusine einst ihre Lateinhausaufgaben gemacht hatte. Er schob ihn in die dunkelste Ecke des Zimmers und arrangierte kunstvoll einen Stapel A4-Blätter, seine Halda und das noch ungelesene Exemplar von *Frost*. In den folgenden Monaten sollten die beiden Quadratmeter des Tisches sein zeitweiliges Heimatland bilden – ein möglicherweise begrenztes, gleichwohl autonomes Territorium. Hier konnte das Dasein künstlerische Methode bekommen und er zu dem werden, was er zu sein glaubte.

Morgens erwachte er bei dem Geräusch eines plärrenden Transistorradios und der atemlosen Gymnastikübungen seiner Tante; nachts schlief er begleitet vom leisen Feilschen auf der Straße ein. Dazwischen lagen zehn sorgsam in Ratlosigkeit und Landstreicherei aufgeteilte Stunden. Nachdem er den Vormittag über dem weißen, in die Maschine eingespannten Blatt brütend verbracht hatte, brach er zu Wanderungen durch die Stadt auf. In der einen Woche besuchte er die Viertel um den Stadtpark, in der nächsten die neu erbaute Vienna International City östlich der Stadt. Manchmal machte er unerwartete Entdeckungen (Museum für Bestattungswesen), manchmal eher zu erwartende (Café Bräunerhof). Meistens verirrte er sich jedoch in irgendeinem Vorort und musste für den Heimweg die Straßenbahn nehmen. Aus Gründen, für die es eine pathologische Bezeichnung geben mag, war es ihm unmöglich, einen Stadtplan zu konsultieren oder stehen zu bleiben und jemanden nach dem Weg zu fragen. Was bedeutete, dass er umherlief, bis er jegliches Gefühl in Nase und Kinn verloren hatte. Er wagte nicht zu beschwören, dass er Rekorde schlug,

aber als er zu Anfang des neuen Jahres nach Schweden zurückkehrte, hatte er zwei Paar Schuhe verschlissen – das eine wirklich und das zweite, seinem Onkel gehörend, angeblich.
Aus philosophischer Perspektive lässt sich schwerlich sagen, ob sich die Stunden im Schlafzimmer der Kusine und die in der Stadt verbrachten Stunden auf lehrreiche Weise unterschieden. Seine Erfolge als Wiener waren jedenfalls so bedeutend wie die am Schreibtisch erzielten. Während der Winter näherrückte, lernte er dennoch langsam, mit sich selber zu leben. In Ermangelung Omis diente ihm *Frost* als höhere Instanz. Morgens gab es immer Momente, in denen er in dem Buch blätterte und eine denkwürdige Passage fand oder noch öfter eine, die er zum eigenen Gebrauch stehlen konnte. Wie beispielsweise die Beobachtung, der Maler Strauch sei »ein Spaziergängertypus, will sagen, ein Mensch, der Angst hat«. Stellen wie diese stimmten ihn zugleich aufgeräumt und verzweifelt, erfüllten ihn sowohl mit Missmut als auch mit Kraft. Wenn er einige Stunden später zum täglichen Spaziergang hinausschlich, um zu erproben, welcher Typus von Mensch er war, steckte er das Buch für den Fall in die Tasche des Mantels, den der fürsorgliche Onkel ihm verehrt hatte, dass er den Mut finden sollte, ein Café aufzusuchen. Meistens entdeckte er es erst wieder, wenn er gegen Abend mit Hilfe des Straßenbahnnetzes nach Hause ruckelte. Freudig überdachte er dann eine Beschreibung wie: »Das Frühstück ist ihm zu viel Zeremonie. Die ganze Lächerlichkeit kommt zum Ausdruck, wenn ich den Löffel in die Hand nehme. Die ganze Sinnlosigkeit. Das Zuckerstück ist ja ein Anschlag gegen mich. Das Brot. Die Milch. Eine Katastrophe. So fängt der Tag mit hinterhältiger Süßigkeit an.« Solche Passagen ließen ihn an die vergebliche Begeisterung der Morgenstunden denken, so lächerlich sachlich, und auf einmal wurde seine Mutlosigkeit unerwartet heiter.
Im Gegensatz zur Großmutter hatte *Frost* ihm weder Ruhe noch Weisheit zu bieten. Obwohl er das Buch nie von Anfang bis Ende las und sich folglich nur eine vage Auffassung davon verschaffen konnte, worum es in dem Text eigentlich ging, schenkten ihm die Passagen, über die er nachdachte, Injektionen reinen, nackten Lebens. Bernhard hatte das Komische im Dasein als Tragödie entdeckt. Seine barocke Kargheit und slapstickhafte Selbstbezogenheit, seine bis ins Groteske gesteigerte Empfänglichkeit und sein düsterer Leichtsinn schafften es wider Erwarten, ein Gefühl überbordender Vitalität zu vermitteln. Für einen Einundzwanzigjährigen war dies ein ebenso furchterregendes wie euphorisches Erlebnis. In *Frost* wurde der Verfall auf eine Art bejaht, die den Geschmack von Freiheit hatte. Am Ende begriff sogar er,

worauf die Sache hinauslief. Er würde niemals Österreicher werden, geschweige denn wie Bernhard schreiben, obwohl ihm nicht entging, dass die Buchstaben im Titel des Buchs verdächtig einer Abkürzung seines eigenen Nachnamens ähnelten. Aber waren der ratlose Rausch, den er am Schreibtisch seiner Kusine und auf den Straßen der Stadt erlebte, diese so vorhersehbare wie unumgängliche »Prüfung seiner selbst«, seinem Wesen nach nicht doch wienerisch? Musste er auf Deutsch schreiben, um als ein Autor zu gelten, welcher der Seele der Stadt verwandt, wenn nicht verschworen war? Als er nach vier Monaten den Westbahnhof in Richtung Norden verließ, konnte er weltgewandt und nachsichtig lächeln, als er den Kopfhörer aufsetzte und seinen Walkman einschaltete.

This means nothing to me
Oh, Vienna

Aus dem Schwedischen von Paul Berf

In den Stromschnellen der Sprache

Lerke von Saalfeld

Gastarbeiterliteratur, Gastliteratur, Migrantenliteratur, Emigrantenliteratur, Literatur der Betroffenen, Brückenliteratur, Ausländerliteratur – der Einfallsreichtum war groß, mit dem die deutsche Literaturkritik in der Vergangenheit eine Literatur umschrieb, die nicht autochthon deutsch war, deren Urheber aus fremden Sprachen und Kulturen sich in der deutschen Literatur zu Wort meldeten. Es waren mehr Söhne und weniger Töchter der ersten Generation von ausländischen Arbeitern, die in den sechziger Jahren in die Bundesrepublik kamen und nicht mehr nur in der Fabrik am Band stehen wollten, sondern über ihr Leben und ihre Erfahrungen im Gastland und in ihrem Herkunftsland zu schreiben begannen. Auch sie selbst waren befangen, der erste literarische Zusammenschluß dieser Generation nannte sich noch bescheiden »Südwind Gastarbeiterdeutsch«. Es war ein langer Weg, bis diese Literaten endlich Anerkennung fanden und heute selbstverständlich Teil der deutschen Literaturszene geworden sind.

Vielleicht ist diese Abschottung und enge Grenzziehung in doppeltem Sinne eine deutsche Eigenart:

- Wir haben keine koloniale Tradition und damit auch keine Autoren, die aus ehemaligen Kolonien Einzug hätten halten können in unsere Literatur wie etwa in Frankreich oder England.
- Deutsche Autoren, die mit dem Machtantritt Hitlers das Land verlassen mußten, haben immer an der deutschen Sprache festgehalten.

Thomas Mann, Lyon Feuchtwanger oder Anna Seghers – undenkbar, daß sie amerikanisch oder mexikanisch geschrieben hätten. Robert Neumann in England und Rose Ausländer in den USA hatten versucht, in der fremden Sprache zu dichten, sind gescheitert und kehrten zurück in die Muttersprache. Paul Celan, trotz 22 Jahren »absoluten Exils« in Paris, französischer Staatsbürger, hat Deutsch als seine Dichtersprache nie aufgegeben. Elias Canetti hat erst im Alter von acht Jahren – als seine dritte Sprache – Deutsch gelernt und später bekannt: »Ich bin nur ein Gast in der deutschen Sprache. Deutsch ist eine spät und unter wahrhaftigen Schmerzen eingepflanzte Muttersprache. Sie ist deshalb die Sprache meiner literarischen Prosa geworden, weil sie für immer von einer Aura der Fremdheit umgeben geblieben ist, so daß in ihr die Worte mit einer besonderen Art von Leidenschaft geladen sind.«

Die ›Aura der Fremdheit‹, die besondere Leidenschaft, sich in den Stromschnellen der anderen Sprache Gefahren und Überraschungen, Wirbeln und Strudeln auszusetzen, sind der große Reiz und Eigenwille einer Literatur, die sich nicht nur aus einer Kultur und einer Sprache speist. Um diesen neuen literarischen Ton in der deutschen Literatur zu würdigen und zu fördern, wurde 1985 von der Robert Bosch Stiftung der Adelbert-von-Chamisso-Preis ins Leben gerufen, der alljährlich an einen Hauptpreisträger und ein oder zwei Förderpreisträger verliehen wird. Adelbert von Chamisso ist ein guter Gewährsmann für einen solchen Preis; denn wem ist schon bewußt, daß er mit seiner Familie den Wirren der Französischen Revolution entfloh und sich in Deutschland ansiedelte, gilt er doch bei uns als genuiner deutscher Romantiker – auch wenn er selbst nie sein Einwandererschicksal vergaß.

In diesem Jahr wurden drei Autoren mit dem Chamisso-Preis ausgezeichnet, die unterschiedlicher nicht sein könnten und auf wunderbare Weise belegen, welcher Reichtum und welche Vielfalt der poetischen Durchdringung von Wirklichkeit und Leben, von Phantasie und Imagination in dieser Literatur zum Ausdruck kommen:

Saša Stanišić, geboren 1978 in Višegrad, erlebte als 14jähriger, wie serbische Truppen seine Heimatstadt überfielen, und floh mit der Familie nach Deutschland; Léda Forgó wurde 1973 in Ungarn geboren und wuchs in Budapest auf, mit 21 Jahren ging sie zum Studium nach Stuttgart, sie wollte die »Welt« kennenlernen; Michael Stavarič kam 1972 in Brünn zur Welt, als er sieben Jahre alt war, emigrierte die Familie nach Österreich. Keiner konnte beim Verlassen der Heimat vorausahnen, daß sie einmal deutschsprachige Schriftsteller werden würden.

Saša Stanišić hat sich in seinem Debütroman *Wie der Soldat das Grammofon repariert* als junger, aber großer Fabulierer vorgestellt. Weil der Wahnsinn der Welt rational nicht begreifbar ist, wählt er den burlesken Stil, schreibt einen modernen Schelmenroman. Schon die Überschriften seiner Kapitel lassen aufhorchen: »Wie lange ein Herzstillstand für hundert Meter braucht, wie schwer ein Spinnenleben wiegt, warum mein Trauriger an den grausamen Fluss schreibt und was der Chefgenosse des Unfertigen als Zauberer draufhat« – so lautet die Überschrift des Eingangskapitels. Ich-Erzähler des Romans ist ein Junge namens Aleksandar, er wächst auf in Bosnien, in der Stadt Višegrad, eingebettet in eine große, lustige und auch skurrile Familie, die bevölkert ist von einer Vielzahl von Originalen. Zunächst ist es noch friedlich in dieser Welt, die Drina fließt ruhig und vertrauensvoll durch den Ort. Alle erzählen Geschichten über Geschichten – kleine und große, komische und traurige –, das Leben der Menschen ist angefüllt von wunderbaren Erinnerungen. Aber die Welt wird nicht schöner, ist bedroht. Das idyllische Višegrad wird von Soldaten überfallen. Die Menschen müssen sich vor den Bombenangriffen in die Keller flüchten. Die Spiele der Kinder verändern sich. Sie spielen Krieg, so wie es ihnen die Erwachsenen vormachen. Die Menschen erzählen weiter Geschichten, aber es sind Geschichten über Vernichtung und Zerstörung, über das Nichts, das übrigbleibt. Die Familie von Aleksandar flieht 1992 nach Deutschland, so wie auch die Familie des Autors. Nach über zehn Jahren kehrt Aleksandar in seine Heimat zurück auf der Suche nach einer Jugendfreundin. Endlose Trostlosigkeit und Traurigkeit hat sich über die Menschen und die Landschaften gelegt. Der junge Mann sucht alle Verwandten und Bekannten wieder auf, alle haben Furchtbares erlebt, manche sprechen darüber, andere nicht. Der Erinnerungsverlust kann auch gnädig sein. Das Wasser fließt weiter ungestüm die Drina herab, nichts läßt sich umkehren.

Stanišić knüpft mit diesem Roman an das Meisterwerk des Nobelpreisträgers Ivo Andrić an, *Die Brücke über die Drina*. Auch er will den Haß zwischen den Völkern überwinden, will beitragen zur Versöhnung, indem er die tiefen historischen Widersprüche, die Südosteuropa zerreißen, in seinem Gegenwartsroman tragikomisch in Szene setzt, damit das Leid nicht übermächtig wird.

Die Ungarin Léda Forgó wurde ebenfalls für ihren Erstlingsroman ausgezeichnet, *Der Körper meines Bruders*. Die historischen Koordinaten des Romans sind zwei einschneidende politische Ereignisse: der Volksaufstand in Ungarn im Oktober/November 1956 und der Einmarsch der Warschauer-Pakt-Truppen in Prag im August 1968. Über diesen Zeitraum spannt sich eine Familiengeschichte, die wiederum aus der Sicht eines Kindes, des Mädchens Borka, beschrieben wird.

Léda Forgó, Jahrgang 1973, schreibt nicht aus persönlichem Erleben, sie schreibt über eine Zeit, die für sie bereits Geschichte ist, eine Geschichte, die in Ungarn mit traumatischen Erinnerungen aufgeladen ist. Es gibt wohl keine Familie, die nicht Opfer zu beklagen hätte; die lange Zeit des staatlich verordneten Schweigens über den Volksauf-

stand hat die ganze Nation gelähmt. 1956 und die Jahre danach literarisch auszuloten ist (noch) ein gemiedenes Thema in der ungarischen Literatur. Léda Forgó hat es gewagt – und zwar auf deutsch.
Ort der Handlung ist Budapest. Der Roman setzt ein mit einer großartig beschriebenen Geburtsszene, es ist November 1953. Eine Frau gebiert einen Knaben, fühlt sich erleichtert, und dann geht die schreckeinflößende Pein von neuem los; unerwartet kommt noch ein zweites Kind, ein Mädchen, zur Welt. Die Mutter Mo lehnt spontan die Zwillinge ab, sie empfindet sie wie »zwei bissige, stinkende Köter«. Der Vater erzieht die Kinder, weil die Mutter sich verweigert. Die Zwillinge wachsen in enger Symbiose auf. Während der Straßenkämpfe im Herbst 56 passiert das Unglück. Der Bruder, den die Mutter durch das aufständische Budapest trägt, wird ihr vom Rücken geschossen und ist tot. Der Vater verwindet diesen Schmerz nicht und begeht auf dem Dachboden des Wohnhauses Selbstmord. Mutter Mo und Tochter Borka sind nun auf sich allein zurückgeworfen und müssen versuchen, über die Leerstellen in dieser zerborstenen Familie hinweg weiterzuleben – mit Ängsten, mit Vorwürfen, mit Erinnerungen. Borka wächst in einer unruhigen Zeit heran, die Erwachsenen sind ebenso orientierungslos wie das Kind, das die Welt der Großen beobachtet und zu verstehen versucht. Wie ein Schatten liegt der Bruder über dem Geschehen, er löst bei Borka Schuldkomplexe aus, sie versucht für ihn mitzuleben, aber sie will sich auch von ihm befreien, ein eigenes Leben leben.
Widersprüchliche Gefühlswelten in einer widersprüchlichen Zeit prallen aufeinander. Das Besondere an diesem Roman ist die Mischung aus Sinnlichkeit und Reflexion, aus Verzweiflung und Liebeshunger. Die Sprache von Léda Forgó schwingt in einer sinnlichen Körperlichkeit.
Michael Stavarič hat sich von seiner Heimat, die er schon mit sieben Jahren verlassen mußte, gelöst; er ist angekommen in Österreich, er greift nicht zurück auf Stoffe aus dem Herkunftsland, und in einem Interview bekannte er: »Tschechisch empfinde ich nicht als Muttersprache.« Für ihn ist Schreiben wie das Komponieren einer Partitur. Sprache wird ihm zum Material, Wahn und Wirklichkeit klanglich aufeinander abzustimmen. Der erste Satz seines preisgekrönten Romans *Terminifera* – das sind Wanderheuschrecken – klingt programmatisch: »Wenn ich träume, gehört mir die Welt ganz allein. Im Kopf, da kann einem keiner gefährlich werden.« Aber sonst geht es bei ihm immer um Gefährdungen.
Die Ichfigur seines Romans ist Lois Lane, Krankenpfleger an einer Wiener Klinik, einst Heimkind in einem Waisenhaus am Arlberg, eine

eigenwillige Person. Seine Papiere sind irgendwann verbrannt. Er weiß nicht, wo er geboren wurde, weiß nichts von seinen Eltern. Ob er Manieren von seinen Eltern in die Wiege gelegt bekam, weiß er auch nicht, aber eines weiß er, es gehört sich nicht, »Haustiere zu essen, wenn man Hunger hat«. Lois ist ein Außenseiter, der sich in seiner eigenen Welt bewegt. Er spintisiert sich durchs Leben, in Abständen kommen immer wieder Erinnerungen an die qualvolle Zeit im Waisenhaus hoch. Menschen sind ihm nicht so wichtig, sein Hund Sämmy ist ihm die vertrauteste Person, obwohl sich die Dermatologin Kristina, eine Nachbarin, für ihn interessiert, und auch die Praktikantin Mona hat ein Auge auf ihn geworfen. Der Alltag wird, je genauer betrachtet, immer absurder. Nicht von ungefähr ist Mister Spock, der sich von Zeit zu Zeit zu Wort meldet, einer seiner Ratgeber. Auch Ungeheuer, Monster, die es eigentlich nicht gibt, bevölkern die Gedankenwelt des Lois Lane. Und zwischendrin ist Lois plötzlich auch eine Frau mit Menstruation. Aber jeder Versuch, den Inhalt dieses Romans nachzuerzählen, muß scheitern, denn der Inhalt ist nicht das Wesentliche. Viel wichtiger ist, wie Stavarič seine Geschichte erzählt, wie die rhythmische Form den Inhalt trägt. Seine Romane sind sprachliche Experimente, denen auch die Syntax geopfert wird, denn zum Beispiel das Hilfsverb ›sein‹ ist für ihn meist überflüssig. Alles bleibt in der Schwebe, die Personen ebenso wie ihre sprachliche Darstellung. Bizarr und vertrackt, manchmal närrisch, manchmal sorgfältig konstruiert werden die Alltäglichkeiten des Lebens bei diesem Autor in eine moderne Hülle von Absurdität gepackt.

Fazit: Aus welcher Sprache auch immer, aus welcher Kultur auch immer – ob in Europa oder weit über den Globus verstreut –, Schriftstellerinnen und Schriftsteller fremder Zunge, die sich in die deutsche Literatur hineingeschrieben und -gedacht haben, tragen keinen etikettenhaften, sofort erkennbaren Prägestempel, sie öffnen originelle Horizonte und intime Einblicke in alle Welten dieser Erde. In einem Epitaph zur Erinnerung an den französischen Stammsitz der Familie Chamisso, das Schloß Boncourt, dichtete Adelbert in der letzten Strophe:

Ich aber will auf mich raffen,
Mein Saitenspiel in der Hand,
Die Weiten der Erde durchschweifen,
Und singen von Land zu Land.

Mutmaßungen über die eigene Fremde

Ilija Trojanow

Ein Ritter treibt sein Pferd in einen Wald hinein, der so gewaltig und düster ist, daß der Ritter aufatmet, als er eine sonnige Lichtung erreicht. Dort stößt er auf einen Fremdling, einen Heiden, der mit den wunderbarsten Kostbarkeiten behangen ist. Alle Reichtümer des Königs zu England hätten nicht einmal den Waffenrock dieses Fremden aufgewogen – so schreibt der Dichter und läßt bald darauf die beiden Helden in der Lichtung aufeinanderprallen:
»Beider Augen blitzten, als sie einander sahen, doch wenn jetzt ihre Herzen höher schlugen, so war die Trauer auch nicht weit. Jeder der treuen, aufrechten Männer trug nämlich das Herz des andern in der Brust; sie standen einander nahe, auch wenn sie sich beide fremd waren. Nur dadurch, daß sie einander feindlich gegenübertreten, kann ich den Heiden vom Christen unterscheiden. Möge ein gütiges Geschick den Kampf enden und dem Tod wehren.«
Der Kampf währt lange, und er endet mit der edlen Geste des Heiden, der sein Schwert senkt, als die Klinge des Ritters birst. Sie setzen sich auf den Rasen und geraten in ein höfliches Gespräch. Es stellt sich heraus, daß die Männer Halbbrüder sind, denn des Ritters Vater verbrachte viele Jahre im Orient, wo er mit einer Einheimischen einen Sohn zeugte, einen Erben namens Feirefiz. Und dieser verschollene Sohn, so lautet die Mär, soll aussehen wie beschriebenes Pergament, schwarz und weiß gefleckt. Daran erkennt der Ritter seinen unbekannten Bruder, nachdem beide ihre Helme und Kettenhauben heruntergerissen haben. Der Ritter heißt Parzival, und der Dichter, der diese Szene vor knapp tausend Jahren ersonnen hat, ist der große Epiker mittelhochdeutscher Sprache Wolfram von Eschenbach.

Wolfram von Eschenbach schrieb diesen Versroman Anfang des 12. Jahrhunderts, als schon vier Kreuzzüge erfolgt waren, die nicht nur die gesellschaftliche sowie die mythische Stellung des Ritters festigten, sondern – in einer Umkehrung der kriegerischen Ideologie der Zeit – den Fremden (den Sarazenen also) dem gebildeten Christen näherbrachten. Die Dichter an den Höfen Westeuropas erkannten in den Kämpfern Saladins seelenverwandte Ehrenmänner, die ihre Vorstellung von Ritterlichkeit und empfindsamer, unerreichbarer Liebe teilten, trotz der brutalen und scheinbar endlosen Kämpfe um Jerusalem oder Tyrus. Besonders fasziniert von den Gemeinsamkeiten waren die Tempelritter, die sich der arabischen Welt so sehr aussetzten, daß sie ein Jahrhundert später Opfer der aggressiven Verengung des christlich-europäischen Denkens wurden und zwischen 1307 und 1314 in Schauprozessen systematisch vernichtet wurden, unter anderem wegen ihrer vermeintlichen Komplizenschaft mit dem Islam. Es wurde ihnen beispielsweise unterstellt, sie würden einen Götzen namens ›Baffomet‹ verehren, im Provenzalischen eine der Verballhornung des Propheten Mohammed. Wolfram von Eschenbach nennt die Gralsritter in seinem Roman daher Templar oder Templeisen, ein eindeutiger Bezug auf diese spirituell-kriegerische Bewegung.

Doch die beschriebene Szene weist, wie alle große Literatur, weit über den historischen Kontext der Figuren und des Autors hinaus. »Jeder der treuen, aufrechten Männer trug nämlich das Herz des andern in der Brust; sie standen einander nahe, auch wenn sie sich beide fremd waren«, sagt der Dichter und löst damit mit leichter Hand den essentiellen Gehalt von Fremde auf. Fremde kann den Umständen, den Zufällen, den Vorurteilen verschuldet sein, doch sie wurzelt nicht per se in einer ontologischen Differenz und darf daher nicht als unüberwindbar gelten. Gewiß, die beiden Ritter kämpfen gegeneinander, um ihr Leben Gegar, doch kaum haben sie die Waffen gestreckt, erkennen sie Gemeinsamkeiten, die jeden Konflikt überragen. Mit dem nächsten Satz geht Eschenbach einen entscheidenden Schritt weiter: »Nur dadurch, daß sie einander feindlich gegenübertreten, kann ich den Heiden vom Christen unterscheiden.« So wichtig ist ihm diese Aussage, daß der Dichter das Wort unmittelbar an den Leser richtet; er hebt die Fiktion der Handlung auf, um etwas kundzutun, das zu allen Zeiten und in allen Ländern provokant klingen muß: Das Eigene und das Fremde lassen sich nur dann klar unterscheiden, wenn sie einander bekämpfen. Konflikt schärft Differenz, Identität ist die Frucht von Feindschaft. Mit anderen Worten, die antagonistische Haltung, basierend in diesem prototypischen Fall auf einer automatischen, dogmatischen Ablehnung des Heiden, des kanonischen Abweichlers, konstituiert den entscheidenden Unterschied. Denn dieser Fremde ist nicht nur »wie beschriebenes Pergament«, ein Hinweis auf die damals überlegene Bildung der Menschen des Orients, »sondern auch schwarz und weiß gefleckt«, was als Bild verstört und als Gleichnis überzeugt. Er ist ein Gemischter, und offensichtlich, seinem hehren Auftreten nach zu urteilen, hat er von beiden Welten das jeweils Beste angenommen und verinnerlicht.

Mit einigen wenigen Sätzen hat Wolfram von Eschenbach, so scheint es mir, ein faszinierendes Ideal der Kulturbegegnung formuliert, getragen von der Erkenntnis, daß das Trennende eine Illusion ist, geschuldet der begrenzten Wahrnehmung des Menschen. Anders gesagt: Das Gemeinsame lauert in jeder Lichtung. Folgerichtig repräsentieren unsere Kanons keineswegs kulturelle Systeme, die sich in einem reinen Zustand beim kulturellen Kampf gegen andere Konzepte und Formen durchgesetzt haben, sondern sie sind – »auch schwarz und weiß gefleckt« – Resultat von Vermischungen und Vereinnahmungen. Zwar neigen Zivilisationen dazu, das vermeintlich überwundene Konträre als häretisch zu verunglimpfen, aber es hinterläßt Spuren im Denken und Gestalten des vermeintlichen Siegers. Das andere wird selten mit offenen Armen aufgenommen, kultureller Wandel entsteht sowohl aus friedlichen Begegnungen wie auch durch gewaltsame Umbrüche. Zeiten des regen kulturellen Austauschs waren nicht unbedingt geprägt von Heiterkeit und gegenseitigem Verständnis – die Tempelritter kämpften bei Tage und führten bei Nacht Dispute mit ihren Gegnern. Oder man nehme, wem das mittelalterliche Beispiel zu weit entlegen erscheint, die Musik der afrikanischen Sklaven in Nordamerika. Von den Plantagen und Ghettos aus hat diese Musik die weiße Hochkultur subversiv erobert. Entstanden aus Sklaverei und Apartheid, entwickelten sich die Töne und die Rhythmen der Unterdrückten und als minderwertig Angesehenen zum wichtigsten kulturellen Beitrag Nordamerikas und ironischerweise auch zu einem bedeutenden Handelsgut. Außen weiß, innen schwarz, so sagt man über bestimmte Sängerinnen, die den Blues in sich tragen, und dieses Bild variiert jenes von Wolfram von Eschenbach.

Die Kämpfe des Alltags, die Schlachten der Epoche, sie werden in der Kunst gespiegelt, und sie wirken auf die Kunst ein. Man könnte sagen, in der Kultur erweise sich jede Schlacht als ein Pyrrhussieg, wenn man den Pyrrhussieg als einen Segen begriffe. Das Zusammenfließen von Eigenem und Fremdem basiert auch keineswegs auf gegenseitigem Verständnis. Viele Errungenschaften entstanden aus Irrtümern und Mißverständnissen. Wenn man eine Charta der kulturellen Grundrechte erstellen würde, müßte das Recht auf Fehlinterpretation weit oben stehen. Die künstlerische Vorstellungskraft wird oft von fremden Formen angeregt, die aus dem Zusammenhang gerissen einen neuen Sinn erhalten. Die westeuropäischen Maler und Bildhauer Ende des 19. und Anfang des 20. Jahrhunderts entdeckten altägyptische Flachreliefs, Drucke aus Fernost und westafrikanische Statuen, sie waren begeistert von deren Ausdruckskraft, der Stilisierung von Körper und Raum. Doch selten kannten sie den spirituellen Zusammenhang dieser Kultobjekte. Sie nahmen den ästhetischen Gehalt auf und revolutionierten ihre eigene Kultur. Sie waren Schleuser und Schlepper: Gauguin und van Gogh schlichen durch Japan, Picasso, Braque und Kirchner tummelten sich in Westafrika und Ozeanien; Matisse, Klee und Macke trieben sich in Nordafrika und der Türkei herum, und Kandinsky, Mondrian und Malewitsch irrten durch die asiatische Spiritualität. Sie alle schmuggelten die Fremde so unauffällig offensichtlich ins Eigene hinein, daß die moderne europäische Kunst ohne diese Schmuggelware aus anderen Kulturen heute undenkbar wäre. So betrachtet ist die Sinnfigur europäischer Größe der Pirat.

Der Zusammenfluß von Kulturen ist ergo von Mobilität und Märkten abhängig: von der Mobilität von Menschen, Ideen, Gütern und Dienstleistungen, die auf den Autobahnen des Austausches gehandelt und im Schatten von Unterführungen verschoben werden, ausgelegt in luxuriösen Vitrinen oder verstohlen angeboten auf den Basaren der Diebe, um den randläufigen Treffpunkten der Hehler wenigstens sprachlich eine orientalische Verschönerung angedeihen zu lassen. Das andere muß gegenwärtig sein, um zugänglich zu sein, es muß zugänglich sein, um wirkungsvoll zu sein, es muß wirkungsvoll sein, um zu verändern. Man muß von Unterschieden umgeben sein; man muß sie leben essen atmen können. Dann ersetzt grundlegende Neugierde und intellektuelle Toleranz jedes selbstgefällige Dogma von inhärenter Differenz, dann wird Interesse geweckt an dem, was anders, was verblüffend, was ungewohnt konditioniert ist. Es ist typisch menschlich, schreibt der Philosoph und Kardinal Nikolaus von Kues Mitte des 15. Jahrhunderts, daß man eine alte Gewohnheit, die einem in Fleisch und Blut übergegangen ist, für die Wahrheit hält und sie entsprechend verteidigt. Deshalb greift Parzival zuerst zur Waffe. Aber in der Lichtung, sprich, in einem offenen Raum, wo man sich gegenseitig sehen und erkennen kann, ergibt sich eher die Möglichkeit, die Gewohnheit zu hinterfragen. Und dazu braucht es den Fremden.

Genau dies ist das Geheimnis erfolgreicher Kulturbegegnung, daß sie nämlich nach innen, ins Eigene dringt, mit der Überzeugung, man könne und müsse das Eigene durch die Fremde anreichern, verändern, von der Erkenntnis getragen, der Unterschied zwischen dem Eigenen und der Fremde sei nur eine momentane Differenz, eine Flüchtigkeit in der Geschichte.

Transkulturalität, Hybridität, Postnationalität

Anmerkungen zu einem Diskurs über die Literatur von Migranten in Deutschland

Clemens-Peter Haase

Das Themenfeld Migration hat Konjunktur – keine Frage. Migrationsprozesse hat es schon immer gegeben, aber in Deutschland haben sie seit den 60er Jahren schubweise neue Qualitäten angenommen: Mitte der 60er Jahre kamen die ersten Arbeitsimmigranten nach Deutschland, seit Beginn der 70er Jahre wuchs die Anzahl der politischen Flüchtlinge in Deutschland stetig an. Sie erreichte Mitte der 80er Jahre bis zu einer stärkeren Reglementierung der Zuwanderung bzw. Verschärfung der Asylgesetzgebung einen Höhepunkt. Der Zusammenbruch des bipolaren internationalen Systems im Ergebnis des Falls der Mauer führte seit Anfang der 90er Jahre zu einer zusätzlichen Dynamik der binneneuropäischen Migration, und seit knapp zehn Jahren kommt es in der Folge des Klimawandels und der mit ihm einhergehenden Zerstörung der Lebensbedingungen für Millionen Menschen, des Wasser- und Nahrungsmittelsmangels zu einer nicht abzusehenden Zunahme grenzüberschreitender, transkontinentaler Wanderungsbewegungen.

Das gesellschaftliche, soziale, wirtschaftliche, politische und kulturelle Phänomen der Migration lässt sich heute nur noch interdisziplinär beleuchten. Für die Kulturwissenschaften und damit auch die Literaturwissenschaft und Germanistik hat es erheblich an Bedeutung gewonnen. Und was in dieser Hinsicht auf die Wissenschaften im Allgemeinen zutrifft, gilt für den literaturwissenschaftlichen und literarischen Diskurs im Besonderen: Die Literatur von Migranten in Deutschland hatte nie zuvor eine solche öffentliche Aufmerksamkeit und Wirkung wie derzeit. Dies lässt auf Transformationsprozesse schließen, aber um welche Transformationen geht es?

Die »Große Erzählung«, der »klassische« Nationalstaat auf der Basis ethnischer Zugehörigkeiten mit seiner Tendenz zur kulturellen Homogenisierung, ist im Umbruch. So zurückhaltend der Begriff der »kulturellen Identität« zu diskutieren ist, so deutlich ist immerhin geworden, dass das politische und ästhetische Konzept einer »Leitkultur« unter den Bedingungen der o.g. Wanderungsbewegungen in die Sackgasse

führt. Es wird der Lebenswirklichkeit in modernen, entwickelten Gesellschaften nicht gerecht. Identität definiert sich heute ungleich nuancierter, als dass sie sich in einem von Teilen der Politik lebensfern geforderten Bekenntnis zu einer »Leitkultur« aufgehoben fühlen könnte.
Doch auch die klassischen Multikulturalismus-Utopien sind an ihre Grenzen gestoßen. Identität wird zunehmend gestiftet durch Hybridität, multiple Formen gesellschaftlicher und individueller Organisation, Transkulturalität und ein Nationalitätsverständnis, das sich vom Anspruch kultureller Homogenisierung oder des kulturellen »*Nebeneinander*« emanzipiert.

Auch die Literatur der Migranten in Deutschland spiegelt die o.g. Phasenverschiebungen der Migration nach Deutschland und die aus ihnen resultierenden Veränderungen in der Wahl der Sujets, ihrer Themen und Motive und in den jeweiligen ästhetischen Orientierungen. Die Dichotomie vom »Eigenen« und vom »Fremden«, die beim Blick auf diese Literatur lange Zeit im Vordergrund stand, beschreibt nicht einmal annäherungsweise mehr die aktuelle Literatur der Migranten in Deutschland, die sich ganz selbstverständlich als ein Teil der deutschen Gegenwartsliteratur versteht. Der türkischstämmige Autor Zafer Şenocak hat schon vor fünfzehn Jahren darauf hingewiesen, dass sich die Überwindung dieser Dichotomie nur als ein Prozess »innerhalb der deutschen Kultur …, nämlich zwischen der deutschen Vergangenheit und der deutschen Gegenwart« und nicht etwa als einer zwischen der deutschen Kultur und der Kultur des Herkunftslandes vollziehen könne.

Das erste Dezennium etwa von Beginn der 70er Jahre bis zu Beginn der 80er Jahre war besonders bei den aus der Türkei und Italien stammenden Autorinnen und Autoren durch die literarische Auseinandersetzung mit klassischen Identitätskrisen, der kulturellen Entwurzelung durch Heimatverlust, geprägt. Hier wären Autoren wie Nevzat Üstün, Bekir Yıldız und vor allem Yüksel Pazarkaya, aber auch Franco Biondi und Gino Carmine Chiellino zu nennen. Doch auch wenn einige von ihnen im »Werkkreis Literatur der Arbeitswelt« engagiert waren, so blieb schon damals die nicht selten despektierliche Etikettierung dieser Literatur als »Gastarbeiterliteratur« ebenso irreführend wie ästhetisch ohne Aussagekraft. Die poetischen Konzepte dieser Autoren unterschieden sich durchaus signifikant voneinander, wenngleich sich die meisten von ihnen realistischen Erzähltraditionen, so wie sie auch bei den deutschen Autoren des »Werkkreises Literatur der Arbeitswelt« vorherrschend waren, am ehesten verbunden fühlten. Es folgten seit Mitte der 80er Jahre Autorinnen und Autoren, deren Themen nicht länger Heimatverlust, Fremde oder Fremdheit in einem konkreten, sondern Entfremdung in einem abstrakten Sinne sind (Özkan Ezli). Die vielleicht prominenteste von ihnen, die aus der Türkei stammende Schauspielerin, Regisseurin und Autorin Emine Sevgi Özdamar, ließ diese Literatur quasi über Nacht aus ihrem Orchideendasein heraustreten und die neugierige Aufmerksamkeit der literarischen Öffentlichkeit finden. Begünstigt wurde die starke Aufmerksamkeit, die Emine Sevgi Özdamar vor allem dann mit ihrem Roman *Das Leben ist eine Karawanserei / hat zwei Türen / aus einer kam ich rein / aus der anderen ging ich raus* (1992) fand, schließlich auch durch die Krise, in der sich die herkömmliche deutsche Gegenwartsliteratur zu befinden schien. Der narrative Reichtum, der surreal verfremdete und verfremdende Blick, die Sinnlichkeit der Sprache, die Stofffülle, die erfahrungsgestützte Mitteilsamkeit einer Emine Sevgi Özdamar standen in einem so offenkundigen Widerspruch zur unterstellten oder mindestens von Teilen des Literaturbetriebs so wahrgenommenen Blutleere und »Erzählabgewandtheit eines Großteils der ernst zu nehmenden deutschsprachigen Gegenwartsliteratur« (Martin Hielscher), dass in der Rezeption zunächst nicht ganz deutlich wurde, dass diese Autorin keine exotistischen Erwartungen bedienen wollte, sondern dass hier bis in den sprachlichen Gestus hinein (*Karagöz in Alamania*) und durch den Einzug ganz neuer Bilderwelten in den Text formal und inhaltlich hybride Transformationen stattgefunden haben. Migration wird gewissermaßen zum literarischen Programm, wenn die Reise oder besser: Durchwanderung (Özkan Ezli) verschiedener sozialer, kultureller oder geographischer Räume der Türkei der 50er Jahre die einzige Folie ist, auf der sich die Handlung des (weitgehend autobiographisch geprägten) Romans entfaltet. Dort wo kulturelle Differenz in den Erzählungen und Romanen der Autorin aufscheint, etwa in der Inanspruchnahme Allahs für die Bewältigung von allerlei alltäglichen und weniger alltäglichen Verwicklungen in den geschilderten Milieus, wird diese »nicht repräsentativ dargestellt«, sondern »in die Sprache hineingetragen und transformiert«. Özkan Ezli meint: »Es findet keine multikulturelle oder interkulturelle, sondern eine transkulturelle Kommunikation statt.« Wenige Jahre später wird dieses literarische Programm – sprachliche Verfremdung, transkulturelle Kommunikation vermittels hybrider Wortschöpfungen, postnationale Motivik und Thematik – bei Feridun Zaimoğlu, der die Migrationsliteratur inzwischen allerdings für einen »toten Kadaver« und einen »Ekelbegriff« hält, in *Kanak Sprak* (1995) und *Abschaum* (1997) zum Markenzeichen. Die Literatur der Migranten war im Raum des Hybriden angekommen. Die »Bastardsprache« (Zafer Şenocak) des Migranten provoziert Irritationen. Die Migrantenexistenz wird zwar durchaus überhöht, aber in einem existenziellen Sinn zur Metapher für die Existenz des Individuums unter den Bedingungen einer postmodernen Welt. Migration als reale Erfahrung wird metaphorisch transformiert und im Sinne der »existenzielle(n) Situation der Wanderung, des Übergangs, der Hybridität … als Universalie der globalisierten Welt« (Michael Hofmann) gedeutet.

War die zweite Entwicklungsetappe in der Literatur der Migranten also vornehmlich durch die Überwindung der Fremde, des »*Dazwischen*« und die Erschließung neuer hybrider erzählerischer Räume geprägt, so gibt es eine jüngere bis mittlere Generation von Autorinnen und Autoren, für die der Sprachwechsel in der Folge des Kulturwechsels eine Metamorphose ihrer Autorschaft, ja geradezu eine Voraussetzung ihrer literarischen bzw. poetischen Identität, einen Akt schöpferischer Emanzipation bedeutet. Diese Autorinnen und Autoren haben (Mutter-)Sprache und Herkunft hinter sich gelassen und in der deutschen Sprache das Medium ihres literarischen Ausdrucks gefunden. So wie etwa bei Yoko Tawada »die Ablösung vom Erlebten …(,) von der eigenen Sprache, Schrift und Kultur … als Voraussetzung des Schreibens« (Hansjörg Bay) erscheint, so bekennt auch Marica Bodrožić in ihrem poetologischen Essay *Sterne erben, Sterne färben. Meine Ankunft in Wörtern* (2007): »Das Größere der Freiheit ist mir im Deutschen möglich geworden, gerade durch den Entzug alles Vertrauten … Aber irgendwann wurde die deutsche Sprache ein Terrain des Wissens, des Fragens auch, und damit kehrte etwas wie Entschiedenheit in mein Leben ein. Nur im Deutschen ließ es sich präzise träumen.« In diesen Worten wird das Credo einer poetischen Existenz spürbar, die sich erst durch eine Art Wiedergeburt verwirklicht und damit aber auch eindeutigen Zuordnungen entzieht.

Hybridität avanciert immer mehr zum Schlüsselbegriff, zum zentralen Begriff in den Kulturwissenschaften, zur Signatur unserer Zeit. Es gibt mittlerweile Hunderte Autorinnen und Autoren mit Migrationshintergrund, die das Spektrum der deutschen Gegenwartsliteratur maßgeblich mitprägen. Vor dem Hintergrund der Gefahr einer neuerlichen »Ontologisierung und Essenzialisierung kultureller Differenz«

(Dieter Senghaas), des möglichen Spannungsbogens von kultureller Differenz und kollektiver Kohärenz, ist an die emanzipatorischen Perspektiven zu erinnern, die in der deutschen Gegenwartsliteratur durch Prozesse der Hybridisierung, Transkulturalität und Postnationalität sowohl in poetologischer wie auch in ästhetischer Hinsicht ermöglicht worden sind. Martin Hielscher jedenfalls meint mit Blick auf die chic gewordene universitäre Ausbildung und gewissermaßen fließbandmäßige Produktion von Schriftstellern, die selber über kaum mehr erzählbare Erfahrungen verfügten, und den Zusammenbruch genealogischen Erzählens in Deutschland als Resultat des zivilisatorischen Bruchs im Nationalsozialismus, dass sich »in der Folge der Akademisierung des Schreibens und der Wirkungsmacht von Erzähltabus ... die Literatur von Migranten zu einer Hüterin des Literarischen selbst entwickelt (hat)«. Dieser bemerkenswerte Bedeutungszuwachs der »Migrationsliteratur« im Spektrum der deutschen Gegenwartsliteratur ist inzwischen nicht mehr zu übersehen. Das Spektrum der Migrationsliteratur selbst hat sich parallel und quasi synchron zu seinem Bedeutungszuwachs aufgefächert. »Komplex strukturierte, durch häufige Perspektivenwechsel und polyphones Sprechen ›eurozentristische‹ Schreibweisen aufsprengende Kunstwerke wie Ilija Trojanows *Der Weltensammler* stehen neben explizit sprachexperimenteller Prosa wie der des aus Tschechien stammenden Wieners Michael Stavarič oder humoristisch-burlesken, aber doch autobiografisch geprägten Werken wie dem Debütroman des 1978 in Bosnien geborenen Saša Stanišić.« (Klaus Hübner) Die Romane und Erzählungen von Autorinnen und Autoren wie Ilija Trojanow, Feridun Zaimoğlu, Marica Bodrožić, Sherko Fatah, Dimitré Dinev, Rafik Schami, Terézia Mora und anderen gehören zu den präsentesten und bestverkauften literarischen Titeln des deutschen Buchmarktes. Sie alle, die sie aus mehr oder weniger stark ausgeprägten oralen Erzähltraditionen kommen, beweisen, dass die Welt auch im dritten Jahrtausend erzählbar bleibt und dass sie erzählt werden will.

Es überrascht daher auch nicht, dass von den fünf auf der Shortlist für den diesjährigen Leipziger Buchpreis in der Sparte Belletristik nominierten Autoren zwei aus diesem Spektrum stammen: Sherko Fatah wurde mit seinem opulenten Roman *Das Dunkle Schiff* und Feridun Zaimoğlu mit *Liebesbrand* benannt.

Ebenso wenig kann überraschen, dass sich die Literatur von Migranten mit ihren transkulturellen Deutungsmustern für die Vermittlung – etwa des Goethe-Instituts – im und ins Ausland geradezu aufdrängt, sie im eigentlichen Sinne eine Brückenfunktion einnehmen kann.

Literatur

– Heinz Ludwig Arnold (Hg.): *Literatur und Migration* (= Text+Kritik. Sonderband IX), München 2006
– Marica Bodrožić: *Sterne erben, Sterne färben. Meine Ankunft in Wörtern*, Frankfurt/M. 2007
– Jürgen Erfurt (Hg.): »*Multisprech*«: *Hybridität, Variation, Identität*, Duisburg 2003
– Karl Esselborn: »Von der Gastarbeiterliteratur zur Literatur der Interkulturalität: Zum Wandel des Blicks auf die Literatur kultureller Minderheiten in Deutschland«. In: *Jahrbuch Deutsch als Fremdsprache 23* (1997), S. 47-75
– Klaus Hübner: *Eine unübersehbare interkulturelle Vielfalt – Migrantenliteratur in Deutschland.* www.goethe.de/ges/pok/prj/mig/fli/de3151492.htm
– Paul Michael Lützeler (Hg.): *Schreiben zwischen den Kulturen. Beiträge zur deutschsprachigen Gegenwartsliteratur*, Frankfurt/M. 1996
– Ilma Rakusa: *Zur Sprache gehen.* Dresdner Poetikvorlesungen 2005, Dresden 2005
– Yoko Tawada: *Wo Europa anfängt*, Tübingen 1991
– Dies.: *Talisman. Literarische Essays*, Tübingen 1996
– Dies.: *Verwandlungen.* Tübinger Poetikvorlesungen, Tübingen 1998
– Sigrid Weigel: »Literatur der Fremde – Literatur in der Fremde«. In: *Gegenwartsliteratur seit 1968* (= *Hansers Sozialgeschichte der deutschen Literatur*), hg. von Klaus Briegleb und Sigrid Weigel, München 1992, S. 182-230
– Wolfgang Welsch: *Grenzgänge der Ästhetik*, Stuttgart 1996
– Ders.: »Transkulturalität. Zwischen Globalisierung und Partikularisierung«. In: *Jahrbuch Deutsch als Fremdsprache 26* (2000), S. 327-351

Zweisprachigkeit oder Doppelzüngigkeit

Adel Karasholi

I

Als ich den türkischen Dichter Nâzım Hikmet, der in meiner Jugend zu meinen Vorbildern gehörte, in Leipzig kennenlernen durfte, fragte ich ihn, ob er jemals versucht habe, da er immerhin seit dreizehn Jahren in Moskau lebe, Gedichte in russischer Sprache zu schreiben. Er antwortete lakonisch, er finde ja so große Schwierigkeiten, in Türkisch zu schreiben, wie solle er also auch noch in Russisch dichten!

Prinzipieller klingt die Antwort Paul Celans. Er hat 1961 auf eine ähnliche Frage geantwortet: »An Zweisprachigkeit in der Dichtung glaube ich nicht. Doppelzüngigkeit – ja, das gibt es, auch in diversen zeitgenössischen Wortkünsten bzw. -kunstücken, zumal in solchen, die sich, in freudiger Übereinstimmung mit dem jeweiligen Kulturkonsum, genauso polyglott wie polychrom zu etablieren wissen. Dichtung – das ist das schicksalhaft Einmalige der Sprache.«

Eine andere Antwort gab der kirgisische Schriftsteller Tschingis Aitmatow. Er sagte: »Wir haben in unserem Lande bereits Erfahrungen mit der Zweisprachigkeit im künstlerischen Schaffen gemacht. Diese Erfahrung bezeugt, daß der sicherste Weg die Verbindung beider Sprachen ist ... Es ist eine außerordentlich interessante innere Arbeit des Schriftstellers, die meiner Überzeugung nach zur Vervollkommnung des Stils und zur Bereicherung der Bildhaftigkeit der Sprache führt.«
Nâzım Hikmet war der russischen Sprache nicht so mächtig, daß er seine Gedichte in Russisch hätte schreiben können. Der deutschsprachige Rumäne Celan hingegen wäre, wie man weiß, imstande gewesen, Gedichte in französischer Sprache zu schreiben. Außerdem lebte er zweiundzwanzig Jahre in Paris. Er tat es aber nicht, aus prinzipiellen Gründen: Dichtung ist für ihn »das schicksalhaft Einmalige der Sprache«. Und Gedichte sind »Daseinsentwürfe«, die sich vorausschicken »zu sich selbst, auf der Suche nach sich selbst«. Sie sind »eine Art Heimkehr«.

Die Antworten auf die Frage nach der Zweisprachigkeit sind, wollte man das Zitatenspiel fortführen, so vielfältig und unterschiedlich wie die Vielfalt und die Unterschiedlichkeit der poetischen Handschriften und der Biographien der einzelnen Dichter.

II

Ich wünschte, ich könnte diese Frage so enthusiastisch wie Aitmatow beantworten. Ich wünschte, ich könnte wie Adelbert von Chamisso bedingungslos behaupten: »Den Schatten hab ich, der mir angeboren / Ich habe meinen Schatten nie verloren«. Doch in dem Moment, in dem ich mein Land verließ und mich in das fremde Deutschland begab, dessen Sprache ich nicht verstand, dessen Menschen meine Sprache nicht verstanden, verlor ich meinen Schatten.

Mit fünfzehn Jahren schrieb ich mein erstes Gedicht in arabischer Sprache, obwohl ich kurdischer Abstammung bin. Es war, wie es in diesem Alter nicht anders sein kann, ein Liebesgedicht. Mein Liebeskummer wurde öffentlich, denn eine Zeitung nahm sich seiner an. Mit einundzwanzig Jahren, 1957, wurde ich zum jüngsten Mitglied des damals in der arabischen Welt renommierten, marxistisch orientierten Arabischen Schriftstellerverbandes in Damaskus gewählt. Zwei Jahre später verließ ich Syrien, da dieser Verband verboten wurde und seine Mitglieder verfolgt waren.
Als ich nach Deutschland kam, hatte ich also immerhin schon einige Erfolge in meinem Geburtsland vorzuweisen, ich hatte sozusagen eine kleine Karriere hinter mir. Doch meine verheißungsvollen Anfänge wurden jäh unterbrochen, ehe sie sich richtig ausformen konnten. Ich mußte aber bald erkennen, daß die Abwesenheit des Adressaten und die damit verbundene Anonymität zum Alptraum werden können.
Und wenn ein vierundzwanzigjähriger Mensch, der sich noch dazu fest einbildet, Dichter zu sein, der demzufolge nicht frei sein kann von Eitelkeit und Narzismus, plötzlich seine Sprache verliert, wenn er plötzlich nicht mehr imstande ist, sich anderen mitzuteilen, wenn sich plötzlich sein Kommunikationsvermögen auf das Minimalste reduziert, wenn ihn die Menschen, die ihn umgeben, plötzlich wie ein geistig behindertes Kind behandeln, dann ist es nicht verwunderlich, wenn er sich in einen Steppenwolf verwandelt, der sich in eine ihm fremde und unverständliche Welt verirrt hat. Seine Steppenwolfigkeit nimmt verschiedene Gestalten an, läßt ihn sich unweigerlich auf einen Seiltanz einlassen zwischen Hölle und Hölle.

III

So versuchte ich immer wieder, mich in die neue Kulturlandschaft, in die ich hineingeraten war, einzubringen. Einige meiner Gedichte wurden auf den Foren jener berühmt gewordenen Lyrikwelle Anfang der sechziger Jahre in der DDR, die Dichter wie Sarah und Rainer Kirsch, Volker Braun und Heinz Czechowski, Adolf Endler und Bernd Jentzsch bekannt machte, mit gutem Erfolg vorgetragen.
Doch diese Erfolge kamen mir nach und nach trügerisch und verdächtig vor. Die arabischen Gedichte, mit deren Übersetzungen ich damals bekannt wurde, waren vorwiegend aus Emotionen geboren, ihre Diktion war gefühlsbetont, ihre Metaphern und ihre Themen waren exotisch. Man nahm mich auch als einen Exoten gern an. Die Veranstaltungssäle waren voll.
Mein damaliger Lehrer am Literaturinstitut Georg Maurer lobte diese Gedichte, »in denen die Zartheit und Glut der Gefühle sich in der betörenden Bildersprache einer uralten, in der jüngsten Zeit erneuerten poetischen Literatur ausdrückt«. Die Liebesgedichte, meinte er, »berühren unsere Sinne wie einen Strauß frisch geschnittener Blumen«. Die Abschieds- und Kampfgedichte »schließen den ganzen Komplex menschlicher Regungen ein«. Auch die Leser und die Zuhörer honorierten die »großen Gefühle« und »die Leidenschaftlichkeit«, von denen Maurer sprach, mit Ovationen.
Nur ich wollte nicht als Exot gelten und als solcher wirken, wollte nicht wie eine Orchidee gezüchtet werden in einer netten, zufriedenen Stube, denn ich zog wie viele meiner damaligen Zeitgenossen aus, die Welt im Handumdrehen zu verändern. Krampfhaft versuchte ich, mich verständlich zu machen. Man merkte dies und hat mich ständig mißverstanden.
Schmerzhaft mußte ich erfahren, daß erst mit dem Verlust der Sprache als Kommunikationsmittel, mit der Abwesenheit des eigenen Adressaten, die Identitätskrise, ja der Identitätsverlust, richtig einsetzt. Erst jetzt wurde der Riß deutlich, der durch das ganze Dasein in der Fremde hindurchgeht. Erst jetzt war mir klargeworden, daß die so schmerzhaft empfundene Fremde im Libanon noch gar keine Fremde war, sondern nur ein Ortswechsel. Erst jetzt glaubte ich ganz sicher zu wissen: Wenn die Sprache ihren Sinn als Kommunikationsmittel verliert, beginnt die Sprachlosigkeit einen langsam zu würgen, selbst wenn man sie als Rechtfertigung zum Programm zu erheben gedenkt.
Die arabischen Wörter trugen zwar noch den Pulsschlag meiner verborgenen Erinnerungen in sich, sie zwangen mich jedoch, mich von

der Realität zu entfernen, in der ich mich bewegte. Sie waren auf einmal Monologe geworden, Selbstgespräche, Schreie auf einer isolierten Insel, die mich an den Rand des Wahnsinns trieben. Mein wirklicher Adressat war mir einfach abhanden gekommen. Die Sprache meiner Dichtung verlor ihre natürliche kommunikative Funktion. Allmählich haben die neu erlernten Wörter angefangen, sich den arabischen in den Weg zu stellen. Langsam begann ich zu glauben, daß ich mich »in der neuen Sprache ansiedeln mußte«, wie es einst Peter Weiss formulierte, »oder ich mußte in der Sprachlosigkeit untergehen«. Ich fing an, Gedichte in deutscher Sprache zu schreiben.

IV

Dieser Handel war vielleicht töricht, aber er war schicksalhaft, unabwendbar. Die Irrfahrt begann. Eine Rückkehr oder gar eine Ankunft irgendwo war nicht mehr möglich. Das Sprachheimweh glich Noahs Taube, die immer wieder mit ihrem Ölzweig zurückkehrte, um zu verkünden, daß die Irrfahrt weiterginge. Immer wieder habe ich versucht, mich auf eine Sprache zu konzentrieren. Das geschah periodisch. Es gelang mir aber nicht, eine endgültige Entscheidung zu treffen. Die Augenblicke, die ich in der deutschen Wirklichkeit erlebte, belagerten mich mit ihrer eigenen Sprache im weitesten Sinne des Wortes von allen Seiten meines Daseins. Sie zwangen mich wie ein Würgegriff, sie im Gedicht aufzufangen. Die Verführung war dann viel größer, als daß ich ihr hätte widerstehen können.
In der Pressemitteilung zur Verleihung des Chamisso-Preises 1992 an mich stand der lapidare Satz, ich hätte seit 1985 keine Gedichte mehr in der DDR veröffentlicht. Da nach der Wende in der ehemaligen DDR auf einmal neben wirklichen auch viele vermeintliche Widerstandskämpfer wie Pilze aus dem Boden schossen, mußte ich in meiner Dankrede fairerweise dazu folgendes erklären: »Ich habe in der Tat, wie es in der Pressemitteilung heißt, seit 1985 keine Gedichte mehr in der DDR veröffentlicht. Um Mißverständnisse aber auszuschließen, muß ich dazu sagen, daß ich mir nicht abgewöhnen konnte, sie zu schreiben, und daß niemand mir verboten hatte, sie zu veröffentlichen. Mir wurde sogar 1985 noch der Kunstpreis der Stadt Leipzig verliehen. Ich gehörte also nicht zu den Widerstandskämpfern, obwohl ich mir zuweilen so vorkam, als wäre ich einer. Nein, es war eine ganz persönliche, freiwillige Entscheidung, die mit meiner Biographie zu tun hat, mit verlorenen Illusionen und Träumen, mit der Last der Zweisprachigkeit, die ohne Doppelzüngigkeit schwer vorzustellen ist,

wenn man Gedichte als eine Kommunikationsmöglichkeit verstehen muß.«
Der letzte Satz konnte aufgrund der knappen Formulierung nicht ganz in seinen weitgefächerten, widersprüchlichen Dimensionen verstanden werden. Die Verbindung zwischen Zweisprachigkeit und Doppelzüngigkeit wurde vor allem auf das politische Spektrum reduziert. Beim Gebrauch des Begriffes »Doppelzüngigkeit« bezog ich mich aber auf den bereits zitierten Satz von Paul Celan. Ich gebrauchte ihn allerdings nicht pejorativ, sondern neutral als Beschreibung einer ästhetisch-gnoseologischen Begleiterscheinung der Zweisprachigkeit.

V

Lyrik beschränkt sich im Gegensatz zu Epik und Dramatik, nach Georg Maurer, »auf die unmittelbare Aussage eines wovon auch immer bewegten Ichs«. Auch ich war zuweilen von einem besonderen Gegenstand in der unmittelbaren Wirklichkeit derart ergriffen, als wäre er alles. Dieser subjektiven Ergriffenheit ward Sprache verliehen. Ich wollte diese Gedichte nicht in deutscher Sprache schreiben, ich mußte es tun. Denn ich wollte nicht wie ein Stück Holz irgendwo angeschwemmt werden, sondern ich wollte mich von der realen Bewegung der Welt, in der ich lebte, bewegen lassen.
Primär waren meine in deutscher Sprache geschriebenen Gedichte aus der Notwendigkeit geboren, mich den Menschen mitzuteilen, mit denen ich auszukommen hatte. Sie waren eine direkte Auseinandersetzung mit einer unmittelbar erlebten Wirklichkeit. Demnach trugen sie einen im weitesten Sinne des Wortes operativen Charakter. Ich habe mich nicht gescheut, diese Gedichte als Gelegenheitsgedichte zu bezeichnen. Dabei konnte ich mich sogar auf den großen Goethe berufen. Am 18. September 1823, an einem Donnerstag nämlich, war der Sekretarius Eckermann so glücklich, wieder ein Stündchen bei Goethe zu sein. Er notierte da auch ein Gespräch, das mich damals wiederum so glücklich machte, als ich es las, da ich eine Bestätigung dessen fand, was ich sowieso zu wissen glaubte. Goethe sagte: »Die Welt ist so groß und reich und das Leben so mannigfaltig, daß es an Anlässen zu Gedichten nie fehlen wird. Aber es müssen alles Gelegenheitsgedichte sein, das heißt, die Wirklichkeit muß die Veranlassung und den Stoff dazu hergeben. Allgemein und poetisch wird ein spezieller Fall eben dadurch, daß ihn der Dichter behandelt. Alle meine Gedichte sind Gelegenheitsgedichte, sie sind durch die Wirklichkeit angeregt und haben darin Grund und Boden. Von Gedichten,

aus der Luft gegriffen, halte ich nichts.« Da haben wir es ja! Was wollte ich denn mehr!
Viele dieser deutschen Gedichte, die ich in den sechziger und siebziger Jahren schrieb, waren epigonal. In ihnen war das Angelesene noch deutlich zu spüren. Die neu erlernten deutschen Wörter hatten für mich noch keine Geschichte, nicht nur in semantischer, sondern auch und vor allem in emotional-assoziativer Hinsicht. Die Beschäftigung mit der deutschen Literatur, besonders aber die Bekanntschaft mit dem Werk Brechts, vermittelte mir so starke Eindrücke, daß ich zunächst in eine Schaffenskrise geriet. Um den Stempel des Exoten von der Stirn zu kratzen, vermied ich alles, was darauf hinweisen könnte. Jetzt entstanden Gedichte, in denen Brechts poetische Dialektik schematisiert wurde. Sie waren nüchtern und präzise, aber unpoetisch. Bei meinem Bemühen, dem Verstand seinen legitimen Anteil am Schaffensprozeß zu sichern, versiegte der Strom der Bilder.

Sätze über Brecht

1
Ungeduldig duldete er den schweren Augenblick.
Vom Verweilen in der Grube des Augenblicklichen
Führte er weit unseren trüben Blick.

2
Suchend nach der Synthese
Zersprengte er die Ketten der Negation.
Zweifelnd an der Verzweiflung der Zweifler
Zerbombte er den schweren Bunker des Übermuts.

3
Nüchtern träumte er
Von einer besseren Welt, dort
Wo der Enzian erblüht wie das Alltägliche
In jedem erworbenen Wort,
In jeder Handvoll Ernte im Tal,
In jedem Haus, bewohnt vom Erbauer selbst.

4
Aber nicht dort,
Wo der Kultursalat serviert wird,
Vorgekaut mit spitzigen Zähnen
Auf einem glattgeschliffenen Kristallteller
Dem Manne mit dem Frack.

5
Und dort nicht,
Wo der Zornrauch triumphiert
Und der Schrecksprung ins Nichts.

1977

VI

Theoretisch hatte ich frühzeitig begriffen, daß ich, wollte ich mich nicht völlig verlieren, eine Synthese erreichen mußte. In dem Nachwort zu meinem Gedichtband *Wie Seide aus Damaskus* schrieb ich 1967 die Zeilen:

Gedanke ohne Gefühl
Ist ein Boden ohne Regen
Gefühl ohne Gedanke
Blüte ohne Frucht.

Als ich diese Zeilen schrieb, steckte ich aber schon tief in der Krise. Die Kargheit der Sprache und die Klarheit des Gedankens, die ich in meinen in deutscher Sprache geschriebenen Gedichten anstrebte, versuchte ich sogar auf meine arabischen Gedichte zu übertragen, obwohl ich mich nicht in jedem Falle ganz verleugnen konnte. Hier und da brach ich die Fesseln, die ich mir selbst anlegte. Die arabische Metapher schimmerte durch. Der Duktus änderte sich. Und mit der veränderten Sicht veränderte sich manchmal die Weltsicht. Die Beweggründe waren allerdings nicht immer konzeptioneller Natur, sondern vielmehr in der Subjektivität der Gattung begründet. Die Metapher sei klüger als wir, hat Lichtenberg gesagt. Vielleicht haben einige meiner Gedichte aus dieser Zeit in erster Linie deshalb überlebt. Bereits in *Umarmung der Meridiane* (1976) deutete ein Gedicht auf diesen Umstand hin:

Ich höre sie sagen

Olive ist Olive
Sie ist kein Olivenbaum
Kein duftendes Grün des Olivenöls
Keine verborgene Sonne im Holz
Auch nicht der Ölzweig
Den die Taube holte
Vom Land
Olive ist Olive

VII

Erst Ende der siebziger/Anfang der achtziger Jahre habe ich versucht, nicht mehr das »Buch der Welt« zu lesen, sondern, wie es bei Proust heißt, »das Buch in meinem Innern«. Ich hatte die Hoffnung verloren, mit meinen Gedichten irgend etwas *Weltbewegendes* bewirken zu können. Die Gedichte, die ich da schrieb, erfüllten für mich nur noch eine therapeutische Funktion. Ich schrieb gegen den Wahnsinn und gegen den für mich spürbar nahenden Tod an. Der Adressat war nicht mehr wichtig und somit auch nicht die Wahl der Sprache. Nicht ich war es, der die Sprache wählte. Die Sprache selbst wählte mich. Allein der erste Einfall, der irgendwann bei einem Spaziergang oder in einer Straßenbahn, beim Lesen oder Zuhören, bei Trauer oder Zorn, vor allem aber beim vergeblichen Versuch einzuschlafen oder beim Aufwachen von schwerer Nacht, aus seinem Schlummern in arabischer oder in deutscher Sprache erwachte und sich unangekündigt beim Bewußtsein meldete, entschied den Weg und markierte selbst die Richtung.
In meinem Gedichtband *Umarmung der Meridiane* richtete ich Mitte der siebziger Jahre noch den folgenden Appell »An mein Gedicht«:

»Halt mich fest, wenn ich
Weglaufen will
Vor meinem Schmerz
Vor meiner Wut
Und auch
Vor meinem Jubel!«

Doch in meinem letzten in der DDR erschienenen Lyrikband *Daheim in der Fremde* (1984) richtete ich keine Appelle mehr. Dort hieß es in einem Gedicht mit dem nüchternen Titel ›Gedichte‹ schlicht und einfach:

Brücken schlagen
Von mir
Zu mir
Des Regens Flüstern
Im Ohr der Bäume
Abtasten die Poren der Welt
Im Dunkeln
Noch.

VIII

Um die Doppelzüngigkeit ein wenig zu minimieren und die Last der Zweisprachigkeit erträglicher machen zu können, mußte zunächst der Widerstreit zwischen den beiden Sprachen und den beiden Sichtweisen, zwischen Lorca, Neruda und Tagore einerseits, die auch zu meinen Vorbildern in meiner Jugend gehörten, und Brecht andererseits, im Innern beendet werden. Dies setzte ein Umkrempeln des Innenraums voraus. Mir war eines klargeworden: Solange der Adressat beim Schreiben seine dominierende Rolle als Rezipient spielt, ist eine solche Umkrempelung nicht möglich. Die Rolle dieses Adressaten mußte eingedämmt werden. Eine Zwiesprache mit mir selbst schien mir geeignet zu sein, diesen Prozeß einzuleiten.

Eine Wendung, die ein islamischer Sufi (Mystiker) aus dem zehnten Jahrhundert namens an-Niffari gebrauchte, bot mir eine Möglichkeit, die radikal genug war, diese Zwiesprache zu erreichen. Mein Gedichtband, dessen Gedichte ich Ende der siebziger / Anfang der achtziger Jahre zu schreiben begann, trägt den Titel *Also sprach Abdulla*. Abdulla ist kein Zarathustra. Wörtlich bedeutet der Name »Abdulla« der Knecht Gottes und symbolisiert somit den Menschen schlechthin. In der modernen arabischen Lyrik wird dieser Name oft als eine fiktive Gestalt beschworen.

Ich lehne mich in der Struktur dieser Gedichte an die Textstruktur des erwähnten Mystikers an. Er beginnt jede Zeile seiner Texte mit dem Satz: »Und er sprach zu mir«. Mich faszinierte diese Form, weil es mir schien, durch sie könne ich mich selbst zu meinem eigenen Adressaten machen, eine Zwiesprache mit mir führen und über die Fremde und das Fremdsein, über Kindheit und Altern, über Liebe und Tod und vor allem aber über das unlösbare Paradoxon von Einheit und Vielheit in Gedichtform nachdenken.

IX

Folgende Zeilen an-Niffaris habe ich den Gedichten als Motto in diesem Band vorangestellt: »Und er sprach zu mir / Jeder Schreiber liest was er schreibt und jeder Lesende wähnt was er liest«. Da ich dies tat, wähnten einige Rezensenten, mystische Welten darin zu entdecken, obwohl gerade dieses Zitat eher mit den modernsten Rezeptionstheorien zu tun hat als mit Mystik.

Im allgemeinen kann Mystik als »Liebe zum Absoluten« definiert werden. Es handelt sich hierbei nicht um eine menschliche Liebe schlechthin, sondern um eine göttliche. Für die Mystiker ist die Gottheit unendlich, zeitlos, raumlos, ist einzige Wirklichkeit. Demgegenüber besitzt die Welt nur begrenzte Realität und leitet ihre bedingte Existenz aus der absoluten Existenz des Göttlichen ab. Das Aufgeben der Ichsucht ist bei ihnen die erste Voraussetzung, die Pfade zur Gottesnähe und zur *Entwerdung* im Göttlichen durchschreiten zu können. Mich interessiert aber in erster Linie das Diesseitige, das Sinnliche, das sich in einem verzweigten Geflecht von Beziehungen und Bezügen äußert. Im Zentrum dieses Diesseitigen steht mein Ich, mit dem ich ins Gespräch kommen wollte.

Auch wenn ich Formen und Grundbegriffe islamischer Mystik benutze, ist meine Sicht in diesen Gedichten deren Grundhaltung diametral entgegengesetzt, da sie vor allem das *Transzendentale* außer acht läßt. Schon auf Grund meiner Biographie geht es mir zwar auch um das *Einssein alles Seienden*, wovon die Mystiker ausgehen, aber nicht um eine *Entwerdung* in was und in wen auch immer. Ich plädiere für eine aktive Anpassung, aber eine völlige Assimilierung bedeutet Selbstaufgabe, Losgelöstheit von Erinnerung, was eine innere Leere voraussetzt. Jeder Ruf nach einer solchen Assimilierung impliziert Intoleranz und Aggression. Denn niemand vermag nur mit dem Gedächtnis eines anderen zu leben. Und wenn ich in dieser globalisierten Welt, die nur als ein Ganzes erhalten werden kann, nur mich im anderen suche, und der andere nur sich in mir sucht, gibt es keine Kommunikation mehr, zumal eine liebende.

Diese Gedichte waren für mich im wesentlichen nichts als Gedankensplitter, als der Versuch, sie wie Arabesken zu einem Mosaik einer Lebenserfahrung zusammenzufügen, ohne dabei das Miniaturhafte, das Vorläufige in ihnen zu verbergen. Erst jetzt entstanden sogar einheitlich anmutende Gedichte, teils in arabischer, teils in deutscher Sprache. Die Dialektik, die sich in den Metaphern äußert, verdanke ich z. B. nicht nur Brecht, sondern auch u. a. dem erwähnten islamischen Mystiker des zehnten Jahrhunderts. Warum sollte ich also nicht von einer Umarmung der Meridiane träumen, auch wenn dabei nichts übrigbleibt, außer dem Gefühl einer Ratlosigkeit!

Und also sprach Abdulla zu mir
Du bist der den du in ihm suchst
Und der den er sucht in dir ist er
Du bleibst du und er bleibt er

Mit geballten Flügeln schlägt
An verschlossene Fenster
Der Rabe Trennung

*

Und er sprach
Sei einmal ich und sei einmal du
Denn wärest du nur ich
Bin ich allein mit mir
Bliebest du nur du
Wärest du das Sandkorn im Wind

* * *

Und er sprach
Auf der Minze bewegt es sich
Auf dem Felsen bewegt es sich
Unter der Brücke bewegt es sich
Dieses Licht der Liebe
Und er sprach
Die Minze erblüht in der Minze
Der Fels ruht im Felsen
Die Brücke dehnt sich aus in der Brücke
Und in der Kindheit wurzelt die Wurzel
Ich aber sprach
Das Licht wirft mich in die Minze
Die Minze läßt mich erblühen im Felsen
Der Fels verwurzelt mich in der Brücke
Und die Brücke dehnt sich aus
Von Meridian
Zu Meridian

X

Sind nun »alle meine Gedichte Gelegenheitsgedichte«, die »durch die Wirklichkeit angeregt« waren, wie es so schön bei Goethe heißt, oder sind sie »Daseinsentwürfe vielleicht, die sich vorausschicken zu sich selbst, auf der Suche nach sich selbst«, wie Celan meint! Ich weiß es nicht. Eins weiß ich mit Sicherheit: »Das schicksalhaft Einmalige der Sprache« ist mir abhanden gekommen.

In meinem Gedicht ›Umarmung der Meridiane‹ (1978) stehen die Zeilen:

Hin und her
Her und hin
Wo bin ich zuhaus
In zwei Sprachen bildet sich der Satz
In zwei Welten greifen die Hände
Im Traum spricht in Deutsch mit mir die Mutter
In Arabisch mein sächsisch Weib

Und angelehnt an Enzensbergers Verse »meine zwei länder und ich / wir sind geschiedene leute« aus seinem Gedicht ›landessprache‹ heißt es in meinem *Daheim in der Fremde* (1984):

Meine zwei Länder und ich
Wir sind vermählt
Bis daß der Tod uns scheidet

Auch wenn im Innern nicht nur ein fortwährender Streit zwischen zwei Welten und zwei Sprachen tobt, sondern auch mittlerweile eine Umarmung geschieht, muß ich trotzdem das schwindelerregende Pendeln zwischen beiden Polen ertragen und es so erträglich wie möglich machen, da ich mich in keiner der beiden Welten oder Sprachen ausschließlich bequem einzurichten vermag. Das ist der Riß, der durch mich hindurchgeht, der nicht nur eine Verdoppelung, sondern auch eine Halbierung bedeutet, mit der ich mich auseinanderzusetzen und zu leben habe.

Meine krank gewordenen türkischen Wörter

Emine Sevgi Özdamar

1971. Istanbul. Große Unruhen in der Türkei zwischen Rechten und Linken. Damals wurden täglich linke Arbeiter, Gewerkschafter, Intellektuelle, Studenten von grauen Wölfen, von religiösen Fanatikern, von der Polizei ermordet. Die Rechten kamen mit Maschinenpistolen in die Busse, in die Cafés, in die Studentenwohnheime, entführten die Linken, exekutierten sie auf den Friedhöfen. Keiner wagte es, sich in den Häusern in die Nähe der Wohnungstür zu setzen, denn die Schüsse kamen auch durch die Tür. Meine Schwägerin war schwanger, ich dachte, das Kind hat Angst im Bauch. Nachts bellten die Hunde, keiner schaute aus dem Fenster.

Ich lief im Stadtzentrum Istanbuls umher. Plötzlich rannten die Menschen. Wohin? Das Obst auf den Ständen in den Straßen kam mir fremd vor. Was suchte dort ein Granatapfel, die Weintrauben? Wem sollten sie schmecken? Wie die Menschen, die auf den Straßen durch Kugeln umfielen, fiel auch das Obst aus den Tüten eines Mannes, der vor Angst davonrannte.

Menschen verschwanden ganz plötzlich und wurden zu Fotos. Die Eltern liefen mit Fotos in den Händen herum und fragten: »Wo sind unsere Kinder?« Ich dachte, das Land stirbt, alle werden getötet. Ich muss vorher noch alle Menschen fotografieren. Es herrschte eine große Angst.

Nach dem Militärputsch wurde das Theater, in dem ich zuletzt in einem Brechtstück gespielt hatte, geschlossen. Das Stück wurde verboten. Ich wurde auch für ein paar Wochen festgenommen, weil ich über verhungernde Bauern an der türkisch-iranischen Grenze Reportagen gemacht hatte. Wörter wurden verhaftet, Bücher wurden verhaftet. Die Menschen bekamen langjährige Gefängnisstrafen wegen der Wörter, die sie geschrieben oder gesagt hatten. Ein blinder linker Anwalt verbrachte wegen seiner Wörter die Hälfte seines Lebens im Gefängnis. Dieser Anwalt musste im Gefängnis, das am Marmara-Meer lag, als Strafe in einer sehr engen Zelle einen Monat lang stehen. Er konnte sich nicht hinhocken, sich nicht hinlegen und konnte nur im Stehen pinkeln. Auf dem Zellenboden lagen der getrocknete

Urin und der Kot der Gefangenen vor ihm. Und wenn das Meer Wellen schlug, stieg das Wasser durch die Risse in der Gefängnismauer bis hoch zu den Knien des blinden Anwalts.

Nachdem ich freigelassen worden war, wohnte ich in einem Haus im Wald, durch die Bäume sah ich das Marmara-Meer. Wenn im Wald abends der schöne Wind, Lodos, vom Meer kam und mein Hemd blähte oder die von der Sonne müden Blätter bewegte, dachte ich, dieser Wind ist ein Brief der Getöteten. Sie blasen in mein weißes Hemd, damit ich an ihre dunklen Betten denke. In der Nacht wurden die Schatten der Bäume, zwischen denen ich hin und her lief, lebendig. Ich versuchte, nicht mit den Füßen auf sie zu treten. Wenn morgens meine Haare aus der Bürste in das Waschbecken fielen, dachte ich, dies sind nicht meine Haare, dieses Waschbecken ist ein Gefängniswaschbecken, dort im Spiegel, das ist der Kopf eines Gefangenen, der sich wie ein verrückt gewordener Vogel selbst die Haare ausreißt. Damals steckten wir unsere Bücher in die Öfen, damit sie nicht in die Hände der Polizei fielen, denn sie suchten in allen Häusern nach gefährlichen Büchern. Schon die Namen – Dostojewski, Tolstoi – reichten. Russisch. Wir schmissen unsere Bücher in das Marmara-Meer. Wir sahen, wie die Buchstaben im Ofen verbrannten. Viele unserer Wörter gingen nicht über die Zunge, sondern versteckten sich unter ihr. Jeden Tag sahen wir in den Zeitungen ein Bild eines Ermordeten, es lag ein Mensch mit dem Gesicht auf der Erde, einer seiner Schuhe fehlte am Fuß, er hatte dem Tod davonrennen wollen. Die Schriften hatten Angst, die Wahrheit zu schreiben, die Schrift war auch ein Toter mit nur einem Schuh.

Manchmal kamen die Gendarmen, die nach versteckten Menschen suchten. Die Gewehre vor der Brust, fragten sie: Wohnt hier noch jemand? Als sie gingen, sang ich Brechts »Das Große bleibt groß nicht und klein nicht das Kleine, die Nacht hat zwölf Stunden, dann kommt schon der Tag.« Ich bückte mich über die Zisterne, die Wörter hallten im ganzen Haus. Dort versprachen mir Brechts Wörter eine Utopie und zeigten mir deutlich, dass ich mich nach einer anderen Sprache sehnte. Ich sagte mir, ich bin unglücklich in meiner türkischen Sprache. Wir sagen seit Jahren nur solche Sätze: Sie werden sie aufhängen. Wo waren die Köpfe. Man weiß nicht, wo ihr Grab ist. Die Polizei hat die Leiche nicht freigegeben. Meine türkischen Wörter sind krank. Meine Wörter brauchen ein Sanatorium, wie kranke Muscheln. Es gibt eine Stelle am Ägäischen Meer, wo drei Ströme zusammenkommen. Man bringt Säcke mit Muscheln aus Istanbul, Izmir, Italien, die im schmutzigen Meer krank geworden sind, dorthin. Das saubere

Wasser aus den drei Strömen heilt in ein paar Monaten die erkrankten Muscheln. Dieses Stück Meer nennen die Fischer Muschelsanatorium. Wie lange braucht ein Wort, um wieder gesund zu werden? Man sagt, in fremden Ländern verliert man die Muttersprache. Kann man nicht auch in seinem eigenen Land die Muttersprache verlieren? Wenn ein Land in Dunkelheit fällt, suchen sogar die Steine eine andere Sprache.
Damals hatte ich einen Traum. Ich wollte unbedingt mit einem Brechtschüler arbeiten. Meine kranken türkischen Wörter in ein Sprachsanatorium bringen, zu einem Poeten bringen. Schweizer Freunde hatten mir damals ein Buch über den Brechtschüler Benno Besson geschickt. Ich fuhr mit dem Zug nach Berlin und fragte Besson: »Herr Besson, ich bin gekommen, um von Ihnen Brecht-Theater zu lernen.« Benno Besson schaute mich kurz an und sagte: »Willkommen.« Schon der erste Satz, den ich in Deutsch sprach, machte eine gute Erfahrung. »Willkommen.« Was Brechts Wörter mir in der Türkei versprochen hatten, wurde zur Realität: »Die Nacht hat zwölf Stunden, dann kommt schon der Tag.«
Die Zunge hat keine Knochen. Wohin man sie dreht, dreht sie sich hin. Ich drehte meine Zunge ins Deutsche und wurde glücklich im Theater, wo ich Tag und Nacht arbeitete. Meine Begegnung mit den deutschen Wörtern hat am Theater stattgefunden. Theater ist ein Dialog zwischen den Körpern. Die deutschen Wörter haben Körper für mich.
Als ich meinen ersten Roman schrieb, habe ich gar nicht überlegt, in welcher Sprache ich schreiben sollte. Der Rhythmus meines Körpers war deutsch, der Alltag war deutsch, ich hatte in Deutsch einen Traum verwirklicht. Eines Tages besuchte ich meine Freundinnen in Hamburg, zwei Zwillingsschwestern, Ursel und Karin. Die waren sehr nett, von Beruf waren sie Psychologinnen. Sie fuhren jeden Tag auf der Autobahn zu ihrer Irrenanstalt; wenn Karin nach Hause kam, erzählte sie Geschichten von den Verrückten, und Ursel hatte eine neue Schreibmaschine. Sie erklärte mir, wie man mit der Schreibmaschine umgehen muss. Also habe ich mich hingesetzt und geschrieben. Ich habe ihnen meine Texte gegeben, meine Geschichten haben ihnen sehr gefallen. Während sie die Texte aufmerksam lasen, schaute ich auf ihre Gesichter. Zwei Zwillingsgesichter, die lasen. Weil beide so schwesterlich mit mir waren, entstand eine Welt für sich. Ich brauchte nur diese Wohnung mit dieser Familie. Abends haben wir gekocht und geredet, und am nächsten Tag konnte ich wunderbar arbeiten. So hat es angefangen. In einer ganz intensiven Atmosphäre mit zwei deutschen Frauen; meine Lieblingsfreundinnen – sehr schöne Frauen, beide blond.

Erster Brief

José F. A. Oliver

Hausach, im Juni 2008

»Du milieu de ma tempête qui me déracine, me dépossède de mon identité, je veux parfois devenir à l´origine – à mon origine. Je cherche à m´apaiser par la représentation d´un temps adamique, antérieur à tout souci d´amour et cependent empli de sensualité; par le souvenir, je joue ce temps contre le temps du souci amoureux; mais aussi, je sais bien que l´enfance et l´amour sont de même étoile; l´amour comblé n´est jamais que le paradis dont l´enfance m´a donné l´idée fixe.«

Roland Barthes

Werter Freund,

Sie baten mich in Ihrem letzten Brief, ich möge Ihnen für ein paar Sätze Einblick gewähren in mein Domizil. Nun denn, ich will es versuchen. Bitte haben Sie ein Nachsehen, dass ich Ihrem Wunsch vielleicht nur mit Ungenügen begegnen, will sagen, Ihnen lediglich meine in vielerlei Hinsicht eigen erprobten und damit an die gewohnte Umgebung gewöhnten Augen anvertrauen kann und Sie deshalb viel lieber für ein paar Tage zu mir einladen würde, als Ihnen nur ein Gerippe dessen anzudeuten, was voller Geschichten steckt, die ich oft selber gar nicht mehr wirklich zu erkennen vermag. Erlauben Sie mir deshalb ebenso zum Auftakt dieses Schreibens – mehr zum erläuternden Schutz und weniger als Untermauerung meiner Gedanken – Ilija Trojanow kurz als Zeugen meiner Wahrnehmungen anzuführen. Ihm verdanke ich diese wunderbaren Zeilen: »Das mühsam Erlernte über den Haufen werfen zu müssen, weil der gelüftete Schleier den Blick auf einen weiteren Schleier öffnet. Wir im Westen haben nicht gelernt, mit gespiegelten Täuschungen umzugehen. Das Paradoxon ist bei uns eine lästige Unstimmigkeit.« Bon …

... wenn ich von meinem Schreibtisch aufblicke, sehe ich Bücherrücken. Mein Arbeitswinkel, der mir **auch** die Welt bedeutet, steht wie zufällig unter den Buchstaben **A – K**. Ganz oben, über dem ersten **A**, sitzen die Klassiker der deutschen Sprache. Schulter an Schulter: Goethe Mörike Novalis Jean Paul Hölderlin Chamisso Schiller. Es gibt weitere, wie Sie vermuten dürfen. Ich lese Ihnen einige der Buchrücken vor, die näher an die Tastatur meines Laptops heranreichen als die eben erwähnten Klassiker, uns allen vom Namen her zumindest geläufigen, älteren Klassiker: *durch und durch* (Zsuzsanna Gahse); *Der Sturz des Dädalus*« (Wolf Biermann); *Frauen vor Flußlandschaft* (Heinrich Böll); *Mein trauriges Gesicht* (Heinrich Böll); *Aus dem Tagebuch einer Schnecke* (Günter Grass); *Kontrolliert* (Rainald Goetz); *Die Zeit ist kaputt* (Klaus Kordon) ... Damit soll die Aufzählung vorerst enden, und es sei bemerkt: Das Regal in meinem Rücken mit der »Chamisso-Literatur«. Ach, *ein weites Feld ...*

»Die Zeit ist kaputt« – der Satz gefällt mir.

Brecht ist größtenteils verdeckt. Ein Foto Friederike Mayröckers lehnt sich an ihn. Über ihn? Hinter dem Rahmen dennoch zu erkennen: Bertolt Brecht – *Die Mutter*. Joseph Beuys sagt ein paar Zentimeter weiter unten »Wer nicht denken will, fliegt raus«. Und Ingeborg Bachmann: »Die Spezialisten, die Experten mehren sich. Die Denker bleiben aus.« Vor Gellert hingegen, der sich vermutlich aus Platzmangel neben Genazino und die *Obdachlosigkeit der Fische* geschlichen hat, hängt ein Foto meiner Eltern in jungen Jahren, auf einem Spaziergang durch den (damals) noch fremderen Ort (Hausach im Schwarzwald, Sommer 1961), ich im Kinderwagen. – Ich sehe mich nicht, ich nehme an, dass ich im Kinderwagen liege.

Auf dem Schreibtisch wiederum seit Jahren ein Gedicht von Friederike Mayröcker – Volker Sielaff hatte es mir aus Dresden geschickt – ›Tempelhüpfen‹ heißt sein Titel. In ihm kommt Andalusien vor »**(...) wo Andalusien?, würde ich diesen HIMMEL ertragen, – nein (...)**«. Es beginnt mit den Verszeilen »**... ach, ich weisz es, und es ist mir egal ...**« Daneben ein Foto von Miguel Hernández, schwarzweiß – ein vergrößertes Passbild – und seine Verszeile **»En éste campo estuvo el mar«** – ***»Auf diesem Feld war das Meer ... dieses Feld war Meer.«*** Ganz in seiner Nähe sagt Pessoa, wenn ich vor dem Bildschirm sitze, fast an meinen beim Schreiben aufliegenden rechten Ellenbogen reichend: »J´ai mal à la tête et à l'univers.« (Mir krankt der Kopf und das Universum lässt mich krank w:erden / Kopf- und Weltweh). Das Universum auch ein Schmerz. Und eine weitere Postkarte ebenfalls in unmittelbarer Nachbarschaft dieses Satzes, geschwärzt, vom 20.6.1917 aus Pressburg, adressiert an Herrn Theophil Czipinka, den ich nicht kenne, eine Kriegsgefangenensendung mit der Anrede und aus Sütterlinhänden: »Lieber Bruder! Deinen Brief haben wir dankend erhalten …« Die nachfolgenden Zeilen sind nicht mehr zu lesen. Ein schwarzer Balken, in einem Schwung fett aufgetragen, glänzend – stellen Sie sich einen dikken schwarzen Zustandspinselstrich von Tàpies vor …

Dies ein kleiner Ausschnitt, ein erstes Entrée meines Raummosaiks, verstreut um und auf dem Schreibtisch. Er ist nicht wahllos, denke ich, auch wenn ich mit dem Zufall ringe. Er ist nicht unbedeutend, auch wenn ich die Kompositionen nicht immer erklären kann. Also nur für den Augenblick dieses Briefes und eigens für Sie ausgewählt. Ich glaube, Ästhetik entsteht im Verhältnis zu allem, was mich umgibt. Entsteht auf diese Art und Weise ein W:ort wie »Notkunft«? Oder Zeilen wie die nachfolgenden?

lippenschlüssel

1 wortnacht über
rändertreiber & von der sprache
an den rand getrieben
denke an den luxus gastzusitzen
wortrinden schälend

Postskriptum: Meine Wohnung 2008

Sie haben alles verstanden, was ich nicht geschrieben habe? Darf sein, darf sein, beruhigen Sie sich. Denken Sie an Kafka: *Ein Käfig, der seinen Vogel sucht.* **Vielleicht muss es so sein. Es ist gut, nicht alles zu verstehen.** *Auf diesem Feld war das Meer … dies Feld ist Meer … Feldermeer …*

Geschätzter Freund, ich schreibe *nur* **(ausschließlich?) über Dinge, die ich nicht verstehe. Und – jemand sagte mir einst: »Viel Gefühl.« Ja, sagte ich. Dann schwiegen beide. Und dann sagte er: »Ziemlich viel Gefühl.« Ja, sagte ich. Und dann sagte er: »Trochäus.« Ja, sagte ich: Trochäus; usw. Seither schaue ich meine Wohnung an und denke: Viel Gefühl. Ziemlich viel Gefühl. Trochäus. Also schreibe ich seither nur über Dinge, die ich nicht verstehe.**

(Ist »verstehen« dasselbe wie »begreifen«? Greifen meine Füße, wenn ich stehe? Vergreifen sich meine Füße, wenn ich bestehe? Wie sieht es aus mit der Wanderung? Ist Pilgerschaft ein Erbe oder nicht mehr zu begreifen? Es sei denn in einer Art überlieferter Nachvollziehbarkeit der Wanderschaft? Gibt es das Wort Pilgerung in deutscher Sprache ? Gibt es ein Wort, sobald ich es schreibe? Wann klopft »Pathos« an? Sollte ich ihm den Eintritt verwehren, wenn es ein *er* ist? Ihn aber einlassen, wenn er eine *sie* ist?) Die Jakobsmuschel z.B. und der Satz, der Halbsatz *unter Kitschverdacht stehend* ... Schöner Halbsatz, durchaus kritisch zu deuten: *unter Kitschverdacht stehend* ... Aber dieser Vorwurf: *ziemlich viel Gefühl* – lassen Sie mich, oh Gott, ich befürchte, das Postskriptum wird länger als der Text, der ihm zugrunde liegt; Text, der auch ein Gedicht Chiellinos in sich weiß: für Rose Ausländer // *es ist an der Zeit / sich die Fremde zu nehmen / nimm / den Apfel an / und / verteile / das Wort //* – Da fällt mir ein, wie entgeistert mich ein Journalist vor Jahren anschaute, als ich auf seine Frage hin, wie lange ich an einem bestimmten Gedicht gearbeitet hätte – ich erinnere mich nicht mehr daran, welches es war –, als ich ihm zur Antwort gab: 40 Jahre ... Ich schweife schon wieder ab, verzeihen Sie bitte, dabei wollte ich Sie ja nur in mein Haus, mein Schreibdomizil einladen, Ihnen mit der Beschreibung meines Arbeitstisches, d.h. vielmehr mit der Beschreibung seiner unmittelbaren Umgebung, noch einmal ans Herz legen, mich doch eher zu besuchen, um Ihnen auch die Pflanze zu zeigen, die »Großmutterpflanze« (schon 1960 eingeschmuggelt und lebt immer noch; ihre ganzen Ableger, die all die Umzüge überstanden haben – seltsam: das NICHTSPRECHENDE, das überlebt, weiterlebt; wird immer nur »erzählt«, wird immer wieder von der Herkunft erzählt, und wie sie nach Deutschland kam, die »Großmutterpflanze« – den wirklichen Namen habe ich vergessen, d.h. im Grunde habe ich ihn nicht vergessen, ich konnte mir den Namen einfach nie merken. Mutter hat ihn so oft gesagt, aber er wollte einfach nicht bleiben, nicht *haften* bleiben, also sprechen wir von den *Haftbedingungen*: welche Namen, welche Wörter, welche W:orte haften?, also eine gemachte HAFTBEDINGUNG der ÜBERLIEFERUNG?)
... ich insistiere, verehrter Freund, Sie werden, wenn Sie kommen, mein Haus über ein altes Treppenhaus betreten, d.h., es wird Sie empfangen, mit all den Räumen, die in Sätzen sind. Apropos Sätze. Gino Chiellino – ein Vergessener oder Verdrängter? –, er meinte: Zwischen Exotik und Erotik liege nur ein *x* und

ein *r.* Auch dieser Satz ist haften geblieben. Also, um es kurz zu machen: Ich lade Sie ein, doch einmal herzukommen … Sie wissen ja: Küche, Wohnzimmer, Schlaf *ist auch 1 Zimmer,* also Küchensätze, Bewahrungssätze und Papierkorbsätze, Sätze ins Bewohnbare, also Wohnzimmersätze, Esszimmer-, Schlaf-, Gästezimmersätze, Sätze im Gang zum Bad, Abstellkammersätze, Dielensätze, Treppen, Balkone, Fenster usw. Wo werden welche Sätze, wie? Ein älterer, d.h. einer, der mich schon lange begleitet, wäre: *Letzten Endes war er wie einer von ihnen, aber er war nicht einer der ihren.* Luis Sepúlveda musste ihn so formulieren und nicht anders. Ist das nun ein chilenischer Satz? Ein spanischsprachiger? Ein übersetzter? Daneben gibt es natürlich auch immer wieder Wörter. Zwei Wörter der deutschen Sprache, die ich, darf ich schon sagen – *liebe*: »Habseligkeiten« und »Machenschaften«; oder ein alemannisches: »Wunderfitz«. Ach, was übrig bleibt, von dem, was man hat, und wie alles gemacht, und die Neugier, die dann doch wieder tröstet, versöhnt, ach, ich denke dabei immer an die Passnummer, und wie diese so unverhofft daherkam; und die Stempel, wie sie da waren, plötzlich. Dabei kannte ich doch nur das Wort »Stempeluhr«; und ist ein Stempel in einem Pass auch eine Stempeluhr und eine Visabedingung und eine Visagenehmigung, eine ganze Visa-Abteilung und ein Visa-Abteilungsleiter oder eine Visa-Abteilungsleiterin; und jemand sagte mir neulich, in Ägypten z.B. müssten sie, wenn sie denn hier einreisen wollten, vor der deutschen Botschaft auf der Straße Schlange stehen und sich vorweisen nachweisen ausweisen überweisen; *verwaisen* allerdings schreibt man mit *ai* – Also könnte es sein, dass es auch so etwas gibt wie: vor der Sprache Schlange stehen, vor der Visa-Abteilung der Sprache Schlange stehen? Oder: vor der Visa-Abteilung der Schlange Sprache stehen? Vorsicht, Vorsicht! Ja, ich weiß – Sie ermahnen mich zu Recht – es könnte sich der Tierschutzverein melden mit der Begründung: Was wissen Sie schon von der Schlange, dass Sie dies Unberechenbare des Wesens in einen derart ungerechten, diskriminierenden Vergleich sperren. »Und was ist mit dem Apfelbaum?«, könnte ich dann fragen und sagen: »Mein Adamsapfel«. Aber, lassen Sie mich noch schnell Esterházy zitieren, zumindest einen Teil aus seinem biblisch weiten Umfangsbuch (Sie kennen es sicherlich: *Einführung in die schöne Literatur*), also er schreibt: »Es gibt so viele Fragen, wissen wir zum Beispiel, wie weit sich die Dunkelheit ausbreitet, auffallend …« und: »Zu einer Antwort, die man nicht aussprechen kann, kann man auch die Frage nicht aussprechen. Das *Rätsel* gibt es nicht. Wenn sich eine Frage überhaupt stellen lässt, so *kann* sie auch beantwortet werden ... Skeptizismus ist *nicht* unwiderleglich, sondern offenbar unsinnig, wenn er bezweifeln will, wo nicht gefragt werden kann. Denn Zweifel kann nur bestehen, wo eine Frage besteht; eine Frage nur, wo eine Antwort besteht, und diese nur, wo etwas gesagt werden *kann.*« Ein paar Seiten zuvor hat er festgestellt: »Nach einer internationalen Übereinkunft sprechen wir von Nebel, wenn sich die Sichtweite auf unter 1 km beschränkt (sonst ist es Dunst). Bodennebel, Seenebel, Monsunnebel, Rauchnebel – oder auch Smog.« Also kommen Sie in mein Wohnzimmer, setzen Sie sich doch bitte, und sei es für einen Augenblick ... Schauen Sie:

Leichnam, seine Familie belauernd. Fast hätte ich Leichnam mit *h* geschrieben, weil sich die Assoziationskette andersalphabetisch fügt, d.h., fast hätte ich mir *eine Leich´ genommen –: mich ihrer angenommen, sie angenommen* – wären auch Möglichkeiten der Lektüre, wenn sie eine Ohrlektüre wäre, also eine Hörlektüre, rein vom Hören kommend, ins Nachhören ankommend, dem Ohr gereicht, also ins Hören reichend; und könnte dementsprechend auch sagen: Jemand r:eicht mir das Wort ins Hören, die W:orte. Josef Winkler hätte es verstanden, würde es verstehen, dass er so da liegt auf dem weißen Tisch im Wohnzimmer, so *und* ... wie heißt das, wenn man eine Leiche öffnet, einen toten Körper aufschneidet, sich einsägt? Sezieren? Notieren? Katalogisieren? Man nimmt am Regulären, Regulativen, an dem, was in Ordnung zu sein hat, an dem, was man sich vorstellt, dass es in Ordnung zu sein hätte, dass nichts aufzufinden sei an den Deformationen, dem Krankw:erden des Funktionierens, was ehemals funktioniert hatte, bis es nicht mehr funktioniert habe ... Sie verstehen? Könnte so der Autopsie-Bericht schließen, auch wenn man von der Literatur spricht, also die miteinander in filigranster Behauptung zueinander stehenden Organe, Verbindungselemente, die miteinander gegeneinander die Verbindung aufrechterhaltenden Teile des Ganzen, ein strategisches Miteinander – *was ist das Ganze zusammen* – möge die Frage sein, die nicht gestellt wurde/wird; Josef Winkler also, der wie zufällig daliegt, in kurzen und kürzeren Texten, in Buchform und zitierfähig und doch so inständig eigen; wie zufällig liegt er da neben *dem **Requiem für Ernst Jandl*** und die Trostpräsenz; glauben Sie mir, sie ist ein Synonym für Trost: Friederike

Mayröcker – und ihre Sätze wie »diesmal ist er zu weit gegangen« – Sätze wie diese auch, nur im Gedächtnis und vage, einst in einem Gedicht aufgelesen: *türkischer Heimatling* – gefiel mir damals – *mit / einer Schlange in einen Sack gesperrt sein / türkischer Heimatling* (…); und spüre seither eine Nähe, eine Nahtstelle, dass Sprache sich einlöst, ergibt aus dem Eigenfremden. Daneben Robert Schindel, auch am Tisch, auf dem Tisch. »Fremd bei mir selbst« lese ich im Titel seiner gesammelten Gedichte und sage »Ja« und noch weiter: fremdselbst, drängt sich mir auf, von den Hinterhöfen kommend, von den Hinterhöfen im Zentrum des Geschehens, und wie immer wieder neue Begriffe entstanden, entstehen, bestehen, weil sie verstehen, HINTERHOF-BEGRIFFE / RANDBE-GRIFFE, und hatte alles in Hausach *mitbegonnen*, also »La poesía Gast« (Vito d´Adamo): der nicht zu den Maschinen sprach, der nicht von den Maschinen angesprochen wurde, der lediglich den Maschinen entsprach, der am 28.11.76 im Corriere d´Italia das Phänomen der Emigration als wahre Diaspora in allen Kontinenten definiert hatte, und der in Hausach lebte und mich irgendwann später mitnahm nach Frankfurt. »Du schreibst doch auch Gedichte«, hatte er gesagt, auf Italienisch. Da gibt es ein Treffen in Frankfurt. Das war dann in einem Hinterhof, d.h., das war in einem italienischen Hinterhof, neben der Buchmesse; und der Name des Ortes hieß »Casa di Cultura Popolare«; Adalbertstr. 36H; und drunter stand, auf dem Plakat, mit dem Müllmann in Unterhemd und Wollmütze und der Bierflasche in der Hand und dem unrasierten Gesicht, eine Zeichnung – und drunter stand, damit man den Ort auch finden konnte: »In unmittelbarer Nähe der Buchmesse« ; und die Veranstaltung trug den Titel »Gastarbeiterautoren lesen Texte aus ihrem Alltag … mit Bilderausstellung und Musik«. Das war am 17.10.1981 … Und so fing irgendwie alles Öffentliche an. Aber, wie gesagt, kommen Sie in mein Haus, besuchen Sie mich. Ich muss Ihnen unbedingt all die anderen Räume zeigen und ein Bild, von dem ich noch nicht gesprochen habe, d.h. im Grunde kein Bild, wie Sie sich das vielleicht vorstellen mögen, eher eine Einladungskarte zu einer Ausstellung in Amsterdam, schon Jahre her. Ein Foto, das Lorca zeigt, recht witzig. Lorca mit Schnurrbart, und sein Schnurrbart, der gar nicht sein Schnurrbart ist, hängt an einem Kleiderbügel. In der Ausstellung ging es nur um Stühle. Da fällt mir ein, es gibt doch diese Redensart »Zwischen den Stühlen« … Im Spanischen würde man sagen: »Entre dos aguas« – Zwischen zwei Wassern … Ist das jetzt exotisch? Erotisch? Bereichernd?

Zwischen Welten, Sprachen und Kulturen

Galsan Tschinag

Ich soll das Weltlicht erblickt haben, als ringsum auch die Lämmer dabei waren, das Gleiche zu tun. Wir, die Lämmer und ich, wetteiferten dann miteinander in vielem, kleine Schreihälse, gierend nach der Muttermilch, kurz darauf, kleine Schlafsäcke, schnell überwältigt von Schlummer und Traum, zwischendurch uns wieder und wieder reckend und streckend, um zu wachsen. Wobei ich wohl hoffnungslos langsam und so der eindeutige Verlierer war. Dennoch blieben wir, die Lämmer und ich, auch weiterhin miteinander verbunden: Gingen alle, kaum einen Monat später, auf unsere erste große Lebensreise, ein jedes in unmittelbarer Obhut der eigenen Mutter und in der alles behütenden Nähe des Vaters auch. Sechs, sieben, acht Tage lang dauerte der Umzug, bis passende Frühjahrsweiden gefunden waren. Zwischendurch kam es immer wieder zu Rasten, und dies wegen der Lämmer allein – sie sollten am Euter ihrer Mütter saugen und anschließend ein kleines Nickerchen machen. Was mich anging, ich hatte es besser: War nicht auf die eigenen Füße angewiesen, lag in einer Holzwiege, ein Pferd trug und die Mutter hielt mich dabei fest, und ich konnte, wann ich wollte, schlafen und konnte ebenso, wenn es sein musste, auch während das Pferd unter uns schritt, mich melden und daraufhin mit den Lippen an die Brust der Mutter gelangen.

Aber auch im Frühjahrslager blieben wir nicht lange. Kaum einen Monat später gingen wir wieder samt unseren Müttern und Vätern und der gesamten Gemeinschaft: den beiden älteren Geschwistern, dem Hund, der Katze, den Pferde- und Yakherden, mit ihren frischen Nachkommen, den Fohlen und Kälbern, die zwischenzeitlich ebenso auf der Welt angekommen waren. Nun dauerte der Umzug nur einen Tag, und schon war das Sommerlager erreicht. Allein, dort blieben wir wieder nicht den ganzen Sommer über. Es ging hin und her, bald auf Suche nach besserem Gras und Wasser, bald in Flucht vor zu vielen Heuschrecken und Grashüpfern oder auch zu großen Herden in der Nachbarschaft. Dann, nach gut zwei Monaten, war der Sommer schon vorbei, und der große Umzug über Berge und Steppen in Richtung der Herbst- und Winterbleiben begann erneut. Jetzt waren die Tierkinder alle besser dran, steckten schon im Flegelalter, auf dem Wege zu Halbwüchsigen, während ich, ihr Gleichaltriger, immer noch in meiner Holzwiege lag und mich vom Pferd tragen und von der Mutter festhalten ließ. Doch war ich trotzdem oder deswegen gerade kein Hindernis für den Umzug im Kamel- und Pferdeschritt. Und so war der ganze Weg in lediglich drei Tagen zurückgelegt.

Das Wanderleben, das seinen Anfang so ungefähr genommen und sich in dem gleichen Rhythmus sieben-, achtmal wiederholt hatte, sollte später fortdauern und über immer neue Land- und Ortschaften auf dem Erdkörper verlaufen. Die Kreissiedlung hinter zwei Flüssen und einer Steppe, wo ein Schulhof mit russisch-stalinistischer Ordnung, gepaart mit turko-mongoloidem Chaos herrschte und blühte; die Bezirksstadt hinter einem Dutzend von Bergen und Steppen, wo eine nationalistische Bande wütete, um die Oberherrschaft ihrer eingewanderten Minderheit über die Einheimischen zu sichern; die Landeshauptstadt hinter Hunderten von Flüssen und Tausenden von Bergen, wo die mongolisch bekörperte und russisch beseelte Auslese die Machtzügel fest in den Fäusten zu halten und hinter ihr die einst buddhistisch belämmerten Nachkommen der wilden Horden von Dschingis Khan nun doch wieder geschlossen und kampfentschlossen zu stehen schienen; die Weltstadt Leipzig hinter Asien und inmitten Europas, wo man zuerst lauter bös-böse Faschisten vorzufinden, dann aber lauter lieb-liebe Freunde gefunden zu haben glaubte; das rot-graue Moskau in der Wegmitte zwischen dem blaubunten Altaigebirge und dem grünbunten Erzgebirge, die Hauptstadt der großen Sowjetunion, wo der Genosse Lenin mit seinem stillstehenden, vielleicht auch weggeschnittenen Herzen friedlich schlief; der Westen in Gestalt der Stadt München, die man zu hassen erzogen war, wegen eines Vertrages und einiger anderer Begebenheiten aus der Geschichte, die nun aber einen mit einem Preis empfing, von dem man nicht einmal geträumt hatte; dann in atemberaubend schneller Abfolge: der Bodensee, der Rhein, die Alpen, die Mosel, der Main, die Donau, der Schwarzwald, die Nord- und Ostsee, die Städte und Dörfer, die Lande und Länder dazwischen und um diese herum; dann auch: der Saigon, der Mekong, der Amazonas, die Kordilleren, der Sajan, der Jenissei, der Baikal, die Chinesische Mauer, die ehemalige Welthauptstadt unter dem Eiffelturm und um die Notre-Dame herum … – bis dahin und auch woandershin erstreckten sich meine Bleiben um die bisherige Lebenszeit aus einem vollen Jahrsechzig herum. Und ich blieb ein Wanderer zwischen Welten, Sprachen und Kulturen.

Es stimmt wohl mit meiner Behauptung, dass ich in drei Welten lebe. Nur, die Weiterführung derselben Aussage, wie ich mit diesen dreien zurechtkomme, nämlich, dass ich in meiner Sippenwelt Altai lebe, in der Hauptstadtwelt von Ulaanbaatar arbeite und in der Wohlstandswelt Europa angebe und Geld verdiene, sollte man weder allzu wörtlich nehmen noch gänzlich außer Acht lassen.

Hinter jedem Ortswechsel erfolgt unsichtbar auch ein Zeitenwechsel. Reise ich von der Hauptstadtwelt aus in die Sippenwelt, muss ich in der Zeitskala um etwa ein Jahrhundert zurückfallen; bewege ich mich dagegen auf Europa zu, muss ich um etliche Jahrzehnte vorspringen. Warum verheimlichen, dass es in meiner Hauptstadtwelt eine Handvoll Männer gibt, die sich selbst für blausteißige, reinrassige Mongolen halten, während sie an anderen immer etwas auszusetzen wissen? Für solche bin ich, da ich tuwinisch spreche, ein Minderwertiger. Es gibt dann auch weitere Leute, die mich bedauern, weil ich Deutsch schreibe, und für diese bin ich ein verlorener Sohn. Die Wahrheit aber ist, dass ich durch meine tuwinische Muttersprache dem Urmongolentum näher stehe als diejenigen, die sich so überschießend mongolisch fühlen. Denn die wenigen Schriftdenkmäler, die uns noch erhalten geblieben sind, verstehe ich Wort für Wort, Silbe für Silbe, während sie für jene einer Fremdsprache gleichen. Und was den verlorenen Sohn angeht: Erst die Fremde hat mir die wahre Größe und Schönheit des mongolischen Mutterlandes sichtbar und das Heldentum und die Lieblichkeit des Nomadentums fühlbar gemacht. Ja, Deutschland und die Deutschen haben mich der Mongolei und den Mongolen nicht weggenommen, sondern erst recht gegeben. Denn sie haben mich gelehrt, das Echte vom Falschen zu trennen. Und das ist auch der Grund, weshalb ich meine Rotterdamer Rede vor sieben Jahren *Verteidigung des Steins gegenüber dem Beton* genannt habe.

Übrigens, es handelte sich dabei um ein großes Ereignis – das 30. Poesiefestival, bei dem die halbe Erde und die halbe Menschheit vertreten waren –, auch zu einem denkwürdigen Zeitpunkt – 1999, an der Schwelle des neuen Jahrtausends – und für mich eine besonders große Ehre – bei den bisher 30 Poesiefestivals waren nur drei Dichter beauftragt worden, eine Eröffnungsrede zu halten; vorher waren es ein Amerikaner und ein Australier, nun war es meine Person mit dem tuwa-mongolischen Gesicht und der sächsisch-deutschen Sprache. Inhaltlich ist die Rede wohl in Ordnung gewesen – ich habe sie Jahre später, nun aus einem Büchlein heraus, noch einmal gelesen und dabei nichts Abstoßendes gefunden. Denn sie war eine fast an Gefahr grenzend ehrliche Wiedergabe meiner inneren Stimme zu Planet und Heimat, Menschheit und Volk, Geschichte und Zeitalter, Leben und Poesie. Auch war zum Ende der Rede ein gewagtes Bekenntnis zu Deutschlands ranghöchstem Dichtergeist ausgesprochen, der gerade umjubelt wurde, und dies in Gegenwart eines deutschscheuen Publikums.

Die Fremde, die mir also einen schärferen und reineren Blick verlieh, auf mein Land und mein Volk zu schauen, hörte in dem Maße, wie sie mir half, selber auch auf, Gefahr zu bedeuten. Und sehr bald merkte ich, sie war dabei, zu einem Teil meiner Heimat zu werden. So auch die Menschen, die diese Fremde bewohnten, die anfangs wildfremden Menschen, sie verwandelten sich in meine Bekannten, Freunde, Brüder und Schwestern. Dass ich damit jedoch nicht behaupten will, ich verfügte über eine Großverwandtschaft, die nun einmal Länder und Kontinente umspannt und füllt. Nein, das habe ich auch in der Mongolei nicht. Nicht einmal in meiner kleinen Altaiheimat ist dies der Fall. Selbst dort gibt es Leute, die ich nicht kenne, und einige wenige sogar, die mir unwohl gesonnen sind. Nicht darum geht es, dass man alle Menschen zu Freunden und Verwandten bekehrt. Nein, die Fremden haben sich in meiner Wahrnehmung gewandelt: Waren sie vorher unbegreifliche, erwartungsgemäß Gefahren bergende Fremde, sind sie jetzt begreifliche, möglicherweise zu Freunden gewinnbare Fremde. Noch eher ergibt sich einem das Land. Schnell legt man den Gedanken von der fremden Erde und dem fremden Himmel darüber beiseite: Man sieht ein, es ist die Fortsetzung der geliebten Heimaterde und des verehrten Heimathimmels. Auf diese Weise hat sich meine Heimat vergrößert und mein Volk vermehrt. Die Umzüge des Nomaden dauern noch an, und ich ziehe dem Tage entgegen, an dem die ganze Erde zu meiner Heimat und die ganze Menschheit zu meinem Volk werden wird.

Und in jeder Teilheimat, die mir zugefallen, und von jedem Teilvolk, das mich aufgenommen, habe ich weitere Garung und Gärung zur Menschwerdung bekommen: Abhärtung und Läuterung, Wissen und Kultur. Dies im Sinne von Neuem, das ich in mich aufnehme. Dann gibt es eine ganze Menge von Dingen, die in mir schon gewesen sind, Gaben der Natur und der Heimat, und diese haben in der neuen Umgebung und unter Einwirkung neuer Menschen ringsum Schliff und Ladung bekommen. Aber diese Gaben sind selten auf einer Einbahnstraße gekommen. Woher mich ein Packen erreicht hat, dahin habe ich wohl bewusst oder unbewusst immer einen Happen geschickt. Ich meine die gegenseitige Befruchtung.

Die Deutschen haben mir ihre Muttersprache anvertraut, und ich habe in diese ihre so wunderbar gefügige und gepflegte Sprache Erkenntnisse meines nomadischen Muttervolkes eingepackt, es mit schamanischem Geist und dichterischer Seele angehaucht und den Spendern eines neuen Kommunikationsmittels als Dank zurückgereicht. Ich bin immer froh und stolz, wenn Leser von dem lichten Wind der Poesie, die meinen Gedichten innewohnt, getroffen sind und geläutert und gereinigt dastehen. Dabei braucht das, was sie auf diese Weise empfangen, nicht immer etwas ganz Neues zu sein. Oft ist es Bekanntes und Vergessenes, das bei der Benennung des Zauberwortes, von dem ein Eichendorff ehrfürchtig gesprochen, oder der Zauberformel geweckt, wieder erweckt wird.
Es sind Worte, aus dem Urgestein der Endlichkeit gebrochen, vielleicht mit dem Urwasser der Ewigkeit benetzt. Worte, von weit her kommend, abgelauscht den Bergen und Gewässern, alles Lebendige gebündelt, verdichtet, wünschend, dass sie den Leser seelenwarm träfen und befruchteten. Wobei die Sprache lediglich die Verpackung des Inhalts ist. Sprache ist ja das Bild gewordene Denken. Wie man denkt, so spricht man. Die Gedanken kommen, glaube ich, von den Schwingungen der Seele und des Verstandes.

Wenn ich ein Gedicht schreiben will, brauche ich zuerst das Bild. Ich wecke ein inneres Bild und füttere, beseele und begeiste es. Ist es ein kraftvolles Bild geworden, kann ich es in jede beliebige Sprache gießen. Mal ist es tuwinisch, mal kasachisch, mongolisch, russisch oder spanisch, sehr oft ist es deutsch. Jede Sprache hat ihre eigene Seele, ihre eigene Kraft, entsprechend formen sich meine Worte.
Deutschland mit seiner Sprache, seiner Kultur, seinen Quellen tiefer Gedanken ist eine der großen Gaben gewesen, die mir widerfahren sind und wofür ich dem Himmel dankbar bin. Ich freue mich immer, wenn ich für das, was mir dieses Land gegeben hat, ihm auch etwas zurückgeben kann.

Die Sprachländer des Dazwischen

Marica Bodrožić

I

Mehrweltgefühl

Sehr oft werde ich aufgrund meiner schon im Vorfeld als Mehrwelt definierten Biographie nach dem DAZWISCHEN gefragt, nach dem Dazwischen der Sprachen, der Länder, der Echoräume, der Erinnerung.

Das Dazwischen – was ist das genau?

Auch das Dazwischen ist erst einmal ein Ganzes. Für mich als schreibenden Menschen ist es eine unerschöpfliche Quelle, ein Ort gleichsam, zu dem ich immer wieder gehen und den ich betreten kann – literarisch betreten –, und das bedeutet natürlich: Ich erfinde mein Dazwischen, erfinde es nicht etwa für mein Leben, nein: Es ist eine Erfindung, eine Erfahrung, die sich beim Schreiben einstellt.
Das Mehrweltgefühl offenbart sich von selbst.

Mehrwelt – was ist das eigentlich genau?

Ist nicht die Welt an sich ein riesengroßer Plural, und jeder, der wenigstens zwei, drei Sprachen spricht, weiß, dass diese Erfahrung *en permanence* da ist, in etwa so, wie es das Ich seit Rimbaud immer nur in seinen mehrdeutigen Ufern geben kann. Und dass wir als Menschen eine Art Eisenbahnknotenpunkt für alle kulturellen Bewegungen sind, die aus dieser Sammelstelle, die unser Leben ist, hinausströmen, um unserem ureigenem Plural zu begegnen. Dann streifen wir das, was wir uns selbst nennen, manchmal streift es uns, und dann wissen wir, dass das Ich variabel ist. Ein kleiner Hochstapler. Ein Hobo, heimatlos wandernd, auf den Zugdächern unserer Biographien. Zugweise, waggonweise, platzweise wandern wir in diesem Lebensraum von Stelle zu Stelle, um schließlich zu begreifen, dass der kulturelle Magnetismus nur deshalb wirksam ist, weil wir eine Art weiße Lein-

wand für ihn sind. Wir werden beschrieben, wie ein Blatt Papier. Und die Züge fahren weiter. Den Zügen ist es gleich, was wir gerade als unser Ich definieren. Wichtig ist der Prozess; das Einsehen in die Schreibwerdung. Kann da jemand fremder sein als ein anderer? Fremder als was? Ein Anderer ist man als Mensch ohnehin, aber anders als was? Diese Fragen lösen sich beim Schreiben von selbst, stellen sich nicht in dieser ethnographischen Form. In der Sprache sind die Antworten enthalten. Mir macht es oft sehr große Mühe, diesen in sich schon feinen, transparenten, flirrenden, lebendigen Stoff – der ja in der Regel bereits ins Buch, ins Werk eingegangen ist – beispielsweise bei öffentlichen Auftritten wieder zu trennen.
Was im Text als Mehrwelt schon da ist und sich als solche ohne Erklärungen auch mühelos verstehen lässt, wird auf der Rezeptionsebene wieder getrennt. Warum? Offenbar wird eine Art Orientierung benötigt. Offenbar verunsichert das rein *unsichtbar* ablaufende Prozessuale. Offenbar wird eine Pause gebraucht. Aber für was eigentlich genau? Um was zu tun? Das Fremde wieder zu verorten, wohin es gehört? Vor kurzem sagte eine Frau bei einer meiner Lesungen: »Es ist ein Genuss, wie Sie sich in unserer Sprache ausdrücken können.« In unserer Sprache! Das ließ mich aufhorchen. Und ich muss gestehen, dass es mir auch wehtat, eine solche Formulierung zu hören. Die Sprache, ohne die ich nichts wäre, die Sprache, der ich mein Leben von morgens bis abends widme, wegen der ich um sechs Uhr morgens aufstehe und in der ich jetzt einen Roman von 367 Seiten geschrieben habe: ist also gar nicht *meine* Sprache! Doch will ich sie überhaupt besitzen?

Sprache kann man wie die Liebe nicht besitzen. Sie ist frei, wie die Liebe auch frei ist. Sie ist groß und frei wie der Ozean, der sich aus seinen Zuflüssen speist, an denen er wächst und ohne die er verloren, ja gar kein Ozean wäre. Die Sprache als ein so gesehenes Organ trägt bestimmte Gesetze in sich, umströmt einen (zumal schreibenden) Menschen mit einem Wissen, das ihm oftmals gar nicht im Prozess selbst zugänglich ist. Sprache – und dann noch die deutsche! – ist eine Kohorte bewusster und unbewusster einzelner und kollektiver Vorgänge, Denkweisen, Erfahrungen und Bewusstseinsströme. Und das Deutsche ist die Sprache, in der das Unbewusste von Sigmund Freud erstmalig formuliert und beschrieben werden konnte. (Der Zufall, hat einmal C. G. Jung geschrieben, muss psychisch möglich sein.)
Der Schriftsteller Georges-Arthur Goldschmidt hat angemerkt, dass die Psychoanalyse in keiner anderen Sprache als der deutschen hat

erfunden oder, besser gesagt, als Theorie formuliert werden können. Im Französischen, trotz der späteren Fulminanz von Jacques Lacan, hätte das auf diese Weise niemals geschehen können.

Also noch einmal die Frage: Kann diese deutsche (und kann irgendeine andere) Sprache jemand gehören?

Die Sprache gehört zum Glück auch dem Schreibenden nicht; der Schriftsteller wird nur Teil von ihr, während er schreibt; und danach lässt sie ihn wieder heimatlos sein, aber nicht ohne ihn vorher verwandelt zu haben. Denn so, da er nicht mehr weiß, wer er *jetzt* ist, kann er weiter schreiben. Jedes Buch, das ich bisher geschrieben habe (oder: das mich geschrieben hat), hat mir – selbst dann, wenn ich nicht über mich selbst geschrieben habe – etwas über mich erzählt. Es hat mich geweitet und mir einen längeren Atem geschenkt. Nicht nur fürs Schreiben. Sondern auch für das Leben selbst. Es handelt sich dabei um eine Art Rückkoppelung, Rückstoß aufs Leben; jeder ernsthaft Schreibende kennt diesen Zustand. Es ist eine Art Umarmtwerden, eine Essenz der eigenen Schreib-Erfahrungen, aus der heraus es weitergeht: weiter, zum nächsten Buch, zur nächsten Sprachwelt. Zum nächsten unsicheren Ufer des Ich; zu seinen Amouren und Verführungen, zu seinen Flüssen und Unterströmungen.

II

Mehrsprachigkeit

Die Mehrsprachigkeit als poetisches Sujet und als literarisches Phänomen ist nichts Neues. In Zeiten des Umbruchs und geistig-gesellschaftlicher Umorientierung hat sie schon immer eine große Rolle gespielt. Allein der Name Vladimir Nabokovs ruft sofort seine schöne böse Welt in die Räume unserer Vorstellungskraft. Aber auch Elias Canetti ist ein solches Beispiel. Mit seinen autobiographischen Schriften hat er das betörende Porträt einer sehr bewegten Epoche der europäischen Politik und Kulturgeschichte der ersten Hälfte des zwanzigsten Jahrhunderts gezeichnet. Er gehört der deutschen Literaturgeschichte an, er war ein deutscher Schriftsteller, weil die Sprache ihn zu diesem gemacht hat. Nicht die Erfahrung und die Welt, die man als Autor beschreibt, sichert einem in dieser oder in jener Literatur einen Platz zum schriftstellerischen Überleben – es ist und bleibt die Sprache. Der Dichter ist sterblich. Die Sprache, wenn er sie zu betreten gewusst hat, überlebt ihn und bleibt erhalten. Es gibt auch Beispiele der Weltliteratur, die sich tatsächlich – etwa Joseph Brodsky – schreibend in zwei Sprachen aufgehalten und erhalten haben. Brodsky schrieb seine Gedichte auch im Exil nur in russischer Sprache, andere Texte, Essays beispielsweise, verfasste er stets in Englisch. Auch das erzählt sehr viel über seine ureigene Sprachsituation, ja über die Lage, in der er sich als Autor wiedergefunden hatte. Einmal hat er davon gesprochen, dass Sprache Schicksal sei. Eine Art mathematische Gleichung der Seele also. Keine Erfahrung aus einer anderen Welt, aus einer anderen Sprache kann Bestand haben, wenn die neue, die zweite Sprache das, was man andernorts erfahren hat, nicht *mitmacht*. Eine Sprache ist keine taube Tante aus der Vorstadt, man kann ihr nicht einfach irgendetwas erzählen. Man kann literarisch nicht lügen, ohne sofort von der Sprache selbst bestraft zu werden (mit ihrem Entzug freilich!, damit, dass man dann gar keine Sprache mehr hat).

Oft wird mir gesagt, »das ist schön, wie Sie Ihre Muttersprache in die deutsche Sprache überführen, wie kreativ Sie mit den Bildern, mit der Syntax arbeiten« etc. Das hört sich für mich immer an, als sei die Tatsache, dass ich andere Sprachen spreche und nun einmal auch eine Muttersprache habe, die nicht meine Schreibsprache ist, eine Art Naturgarant fürs Erzählen, fürs Gedichteschreiben, fürs Schreiben überhaupt. Aber einen solchen Garanten gibt es nicht. Es ist eine romantische Vorstellung, die sich da offenbart, allerdings auch eine, die mich ausgrenzt, die mich ständig in ein Grenzgebiet verweist: Du kommst von woanders her, du bist anders, du wirst anders bleiben. Das ist die Botschaft dahinter. Nun ist das nicht einmal eine Lüge: Es ist sogar Wahrheit. Aber wie immer ist es mit der Wahrheit so eine Sache! Meine Schreibsprache ist zwar nicht meine Muttersprache, aber dafür meine einzige und einzig im Schreiben lebendig werdende Sprache: Darf das gelten?

Und außerdem: Kann ein Mensch, der wie ich ohne Mutter groß geworden ist, überhaupt eine solche Muttersprache haben? Die Fragen sind komplex, weil das Leben komplex ist. Und die Literatur erlaubt und fordert diese Komplexität von uns Schreibenden. In seinen *Erinnerungen an Leningrad* hat Joseph Brodsky geschrieben: »Wären die gedruckten Wörter nur ein Zeichen von Vergesslichkeit, wäre das schön. Die traurige Wahrheit ist, dass die Wörter ebenfalls die Wirklichkeit verfehlen. Zumindest ist es mein Eindruck gewesen, dass jegliche aus dem russischen Bereich stammende Erfahrung, selbst wenn sie mit fotografischer Genauigkeit geschildert wird, von der englischen Sprache einfach abprallt, ohne eine sichtbare Spur an ihrer Oberfläche zu hinterlassen.« Brodsky war sich natürlich dessen bewusst, und ein anderes Mal hielt er fest, dass die Erinnerung einer Zivilisation nicht die Erinnerung einer anderen werden kann und es vielleicht auch nicht sollte.

Das Problem an Formulierungen wie »unsere Sprache« oder »deine Heimat« ist nicht, dass es sie gibt – wenn sie in der Welt sind, dann müssen sie auch betrachtet werden. Das Schwierige sind die Zuordnungen, die kleinen Rausschmisse, die Verweise auf einen anderen – inneren oder äußeren – Ort. Aber ich habe als Schreibende nichts anderes außer der deutschen Sprache. Die Verfugungen unserer Wirklichkeiten bringen es mit sich, dass es alles im Plural gibt. Es gibt den freien Plural, der lässt mir die Wahl, ich darf mich verändern: Identität und Sprache sind nichts Festes, sie sind eher ein Fluidum, ein Unterwegssein – in Bewegungen, auf Straßen, ein Unterwegssein auch in Erfahrungen, in Sätzen, ein Getragensein von Menschen, Umarmungen, Küssen, Worten, Ankünften und Abschieden. Das Leben fließt, wie könnte Identität dann etwas Festes sein!?

III

Slawischer Name, deutsche Autorin?

Im Ausland als deutsche Autorin aufzutreten und aus meinen Büchern zu lesen ist etwas Beglückendes für mich: In Usbekistan beispielsweise war mein mehrsprachiger Hintergrund etwas derart Normales, dass es dann endlich nicht um meine Mutter-Vater-Großvatersprache ging, sondern ausschließlich um die Texte selbst. Die Studenten, vom Goethe-Institut in Taschkent und von der Gebietsuniversität in Fergana wurden schon Wochen vorher auf meinen Besuch vorbereitet, konnten meine Gedichte sogar auswendig aufsagen, und einige hatten sie teilweise schon im Rahmen ihres Germanistikstudiums übersetzt, interpretiert: inhaliert – so muss ich es sagen. Jacques Lacan hat einmal geschrieben, die Sprache des Menschen, dieses Instrument seiner Lüge, sei ganz und gar durchdrungen vom Problem seiner Wahrheit. Weder das Problem noch das Instrument dürfen beim Schreiben gescheut werden. Oft aber wird interessanterweise diese Vielschichtigkeit, werden diese doppelten Böden gerade im Ausland sofort erkannt, während ich oft vor Ort die Erfahrung mache, dass die Herkunft

viel zu hoch bewertet wird. Die Herkunft allein macht einen Menschen ja nicht zum Schriftsteller, genauso wenig wie eine schönhaarige Frau – Gott behüte! – sofort als Friseurin zur Welt kommt. Diese merkwürdigen Analogien überraschen mich immer wieder. Ihre Banalität macht mir Angst. Die zeitgenössische deutsche Literaturlandkarte lebt von Zuordnungen jedweder Art.
Eine deutsche Autorin mit einem slawischen Namen schreibt nicht automatisch über die politischen Schwierigkeiten oder gesellschaftlichen Umwälzungen einer sogenannten Heimatgegend, in der sie, wie ich im einstigen Jugoslawien, lediglich neun Jahre ihres Lebens verbracht hat. Mittlerweile stehen bei mir sechsundzwanzig Jahre auf der anderen Seite – und die andere Seite ist gar nicht mehr die andere Seite, sie ist die Lebensseite, einfach nur die Lebensseite. Ich wohne in Berlin, ich gehe von dort auch nicht mehr weg, ich habe hier eine Telefonnummer, Nachbarn, Cafés, in die ich gerne gehe etc. etc. Im Internet las ich einmal über mich, dass ich »die meiste Zeit« in Berlin lebe. Und wo lebe ich den Rest meiner Zeit? Diese Stadt ist mehr als nur ein Ort, an dem ich eine Adresse habe. In dieser Stadt spielt sich alles ab, was ich mein Leben nennen darf. Berlin ist nicht »das andere Leben, das zweite Leben, die kalte deutsche Welt, die der mediterranen dalmatinischen, sonnigen et-cetera-Welt« entgegensteht, nein, es ist meine ganz eigene Raketenstation, mein Fundament, Echoraum, Lebens- und Sprachraum. Diese, sagen wir es so – um den Prozess sichtbar zu machen –, diese *neuen Räume* sind keine per se dem Ursprung entgegenstehenden Räume. Da müsste ja das Dazwischen nur ein Halbes sein. Und in diesem Halben wäre ein ganzes Leben nie denkbar. Man lebt aber als Mensch nicht im Dazwischen – es sei denn, man lebt mehr in der Vergangenheit als in der Gegenwart. Das Dazwischen ist gut, ich spreche nicht gegen das Dazwischen, ich bin auch eine Dazwischerin – aber ich möchte aufzeigen, dass das Dazwischen kein Provisorium ist, sondern eben immer auch zum Leben dazugehört. Das Dazwischen ist kein halbes Leben. Es ist ein ganzes! Vielleicht ist alles Leben grundsätzlich ein Dazwischenleben, und es gibt gar nichts anderes als das Dazwischen.

IV

Mein Chamisso-Erbe

Aber wie der letzte jugoslawische Schriftsteller Danilo Kiš das einmal gesagt hat, jemand, der aus Osteuropa stammt, ist nicht dazu verpflichtet, immer und überall der *homo politicus* zu sein, er ist auch ein *homo poeticus*, er schreibt schlicht und ergreifend auch über die Liebe. Ich kann das erotischste Gedicht auf der Welt schreiben, bei mir wittert man noch immer eine Botschaft, eine Aussage – über Heimatverlust, über den Krieg im ehemaligen Jugoslawien, über die Zerstörungen in Bosnien, den Massenmord in Srebrenica usw. usw.

Nur damit wir uns richtig verstehen: Das sind alles wichtige Themen, wichtige historische Augenblicke in der Geschichte Europas, wichtig, auch in meinem eigenen Leben. Aber es ist kompliziert, darüber zu schreiben – es ist, als würde man sich dann selbst wieder aus der deutschen Literaturgeschichte hinausschreiben. Das wirkliche Problem daran ist: dass man als Schriftsteller das schreiben muss, was einen betrifft und was aus einem selbst herauskommt. Und doch ist das Missverständnis, ein literarisches Thema entscheide über die Literaturzugehörigkeit, ein wirklich schmerzhaftes.
Meine literarischen Bezüge reichen von Joseph Brodsky, Danilo Kiš, über Marina Zwetajewa bis Emily Dickinson, Anne Sexton, Ivo Andrić, Hölderlin, Eichendorff, Novalis, Muriel Rukeyser, Thomas Tranströmer, Inger Christensen, Robinson Jeffers, Anna Achmatova, Rumi, Goethe, Hafis, Elias Canetti, André Breton, Appolinaire, Marguerite Yourcenar, Octavio Paz, Thomas Wolfe, Adalbert Stifter, Franz Kafka, Virginia Woolf, Paula Fox, James Joyce, Joyce Carol Oates usw. usw. usw.

Der Plural ist mein tägliches Brot. Aber der Plural ist das täglich Brot der Literatur von Anbeginn an. Man muss nicht – beispielsweise – über Ostdeutschland schreiben, um deutscher Schriftsteller zu sein. Das ist ein schrecklich banales, peinliches Missverständnis! Als ich den Chamisso-Förderpreis für mein erstes Buch erhielt, dachte ich, man gebe mir diesen, weil es eine literarische Verwandtschaft zwischen Chamisso und mir gebe – und: das war mir das viel Wichtigere: Chamisso war nicht nur Schriftsteller, sondern auch Naturforscher. Da mir seine Reisebeschreibungen und Abhandlungen beispielsweise über die hawaiianische Sprache im Rahmen meines Kulturanthropologie- und Ethnologiestudiums begegnet sind und ich diese sehr gemocht hatte, führte ich den Preis auf diese Einflüsse Chamissos auf mein Schreiben zurück. Schließlich hatte ich in Chamissos Nachschlagewerken über Pflanzen stundenlang gelesen, und die Aufzählungen etwa von Blumen und Schmetterlingen nahmen in meinen Erzählungen auch eine große Rolle ein. Aber man gab mir den Preis wegen der Tatsache, dass ich nicht Deutsche bin, aber trotzdem in dieser Sprache schreibe. Den Chamisso-Preis anzunehmen, nur um das richtigzustellen, ist keine Schande, das ist ein guter und ehrenvoller Preis, er öffnet auch den Blick auf eine literarische Schaffensakribie, die aus der gegenwärtigen deutschen Literaturlandschaft nicht mehr wegzudenken ist, und dass es sich längst nicht mehr um die sogenannte »Migrantenliteratur« handelt, ist auch vom Mond aus zu erkennen. Diesen interessanten literarischen, aber auch gesellschaftlichen Prozess dokumentiert der Preis, und das ist sein großes Verdienst.

Irgendwann wird aber dennoch hoffentlich die Zeit kommen, in der das Blut nicht mehr so eine große Rolle spielt, sondern nur die Liebe zur Sprache, der Umgang und das Leben in und mit ihr wichtiger sein werden – und in diesem Sinne müsste dann jeder auf Deutsch schreibende Autor, wie das einmal der Dichter José F. A. Oliver verlangt hat, zu einem möglichen Chamisso-Preisträger gezählt werden können. Beispielsweise weil er die gleichen literarischen Räume mit Chamisso als Autor teilt, weil er seine Naturforscherschriften kennt, Aufzählungen liebt etc. etc. etc.

V

Das Deutsche: ein musikalisches Gebiet

»Das Wesen des Menschen«, schreibt einmal Georges-Arthur Goldschmidt in seinem Buch *Als Freud das Meer sah,* »drückt sich in dem Maße aus, in dem der Mensch sich in der Sprache erfindet.«
In der deutschen Sprache ist für mich diese Erfindung so gut möglich, so scheint es mir, wie in keiner anderen Sprache. Mein Buch *Sterne erben, Sterne färben* ist eine Art Liebeserklärung an die Möglichkeiten der deutschen Sprache. Ich gehöre ihr als Mensch und als Schreibende an. Alles, was ich anfange zu schreiben, schreibe ich nicht etwa, um lediglich Geschichten zu erzählen: Das möchte ich dann auch, aber das ist nicht der Ursprung, nicht die – ich möchte fast sagen – pathologische Ursache. Es ist immer die Musikalität, die Formenvielfalt, sind die Klangtableaus der deutschen Sprache. Es ist nicht wahr, dass das Deutsche hart ist! Es verfügt über so viele Rhythmen, so viele tonale Möglichkeiten, dass mir manchmal vor Freude schwindelig wird, beim Schreiben, weil ich dann die Erfahrung der Sprachmusik mache und sogar manchmal dieser Musik nachschreibe, nach innen höre, den Wörtern entlang. Das hat manchmal etwas von den Methoden der Surrealisten, aber bleibt doch immer in einem greifbaren

Rahmen, weil schließlich die Erzählerin in mir all das doch zu bändigen versucht, um es in einer Geschichte münden zu lassen.

Die Lebendigkeit der deutschen Sprache, diese Erfahrungen beim Schreiben, die Resonanzräume zur Musik etwa zeigen mir immer wieder neue Brücken zur Klangwelt. Jeder Satz ist eine auf ganz eigene Art und Weise schwingende Komposition! Es gibt Schriftsteller, die ihre Texte entweder in sich selbst HÖREN können oder, wie etwa die französische Schriftstellerin Nathalie Sarraute – übrigens war sie eine Russin! –, die das Geschriebene laut sprechen! Dadurch kommt ein ganz neuer Bezug zur Sprache zustande. Schreiben – das ist keine Zufallsbekanntschaft und kein schönäugiger *one night stand*. Schreiben in einer bestimmten Sprache, das ist kein Nebenjob, kein Abstauben einer alten Stube, in der eine alte Dame wohnt, die uns gut bezahlt. Nein. Aber warum nicht!? Warum ist das Schreiben gefährlich? Warum muss man gut geerdet sein, um im Sprachhimmel fündig zu werden? »Beim Schreiben ist es nicht damit getan, dass man einmal zwischendurch ein paar Stunden Zeit hat, da hängt schon mehr daran. Den ganzen Menschen muss man dafür einsetzen können«, heißt es einmal bei Marieluise Fleißer. Sie war es auch, die in ihrer Erzählung *Avantgarde* von den »Frösten der Freiheit« sprach. Die Fröste der Freiheit sind kein leichtes Kapital, es gibt aber beim Schreiben, beim »Zur-Sprache-Gehen« kein anderes. Ein Schriftsteller hat kein Attribut im eigentlichen Sinne. Er ist nicht deutsch, russisch, griechisch, großartig, serbisch-orthodox, jüdisch, christlich-irgendetwas. Er ist immer er selbst und also niemand Besonderes. Entweder schreibt er oder er schreibt nicht. Entweder hat er eine Sprache oder er hat sie nicht. Wenn er sie hat, dann schreibt er. Wenn er sie nicht hat, dann schreibt er nicht – er tut nur so als ob. Niemand schreibt, um so einem hässlichen Wort wie *Migrant* anzugehören. (Es hört sich nach einer schlimmen Krankheit an!) Man schreibt, um solche Wörter für immer aus der Welt zu schaffen. Und um etwas anderes in die Welt zu setzen: wirkliche Sprache, Welt, Leben.

Der Tumult des Kopforchesters

Ilma Rakusa

Schreiben ist für mich ein langsamer Vorgang, weil mich so viele innere Stimmen bedrängen, dass ich Mühe habe, sie zu bändigen, zu ordnen, gefügig zu machen. Dass diese Stimmen oft in unterschiedlichen Sprachen reden, macht die Sache nicht leichter. Da will sich etwas, mit kindlicher Penetranz, auf Ungarisch äußern, doch bald schon fährt ihm eine Stimme auf Englisch in die Parade. Dann Beschwichtigungsversuche in Deutsch, sortierende Gesten, Beschwörungen. Wobei die Ruhe sich italienisch zu Wort meldet: »Calma, calma!« Was tun mit diesem babylonischen Kopforchester? Zumal ich der Dirigent *und* der Stimmenchor bin, der Produzent des Tumults *und* sein Bändiger. Lass es abklingen, flüstert mir die Gewissensstimme. Verlagere die Konzentration kurz vom Ohr aufs Auge, fixiere einen Punkt vor dir. Die Übung hilft. Etwas murmelt nun »Flieder« und hangelt sich weiter: »wieder verblüht«. Zeit vergeht, schauend, aber ich spüre den Sog der Sprache, der deutschen Vokabeln. »Grün am Ende, gealtertes Grün«. So könnte ein Gedicht entstehen. »Jetzt bloß keine Juni-Klage.«

Seit meinem sechsten Lebensjahr ist Deutsch meine Hauptsprache. In dieser Sprache habe ich Lesen und Schreiben gelernt, habe ich mir die Welt sowie die Gegenwelt der Literatur anzueignen versucht. Deutsch ist mir nicht zugefallen, es verdankt sich einem Akt der Anstrengung, der mir indes viele Türen öffnete. Mit dem Deutschen verbindet sich Bewusstheit, die Erkenntnis von Andersartigkeit, der sorgsame Umgang mit dem Wort. Davor war ich vergleichsweise sorglos gewesen. Ungarisch sog ich mit der Muttermilch ein, lernte es durch Lieder und Märchen lieben; die Vatersprache Slowenisch buchstabierte ich zuerst heimlich nach, bis sie mir über die Lippen ging. Italienisch und das Englisch der alliierten Soldaten schnappte ich im geteilten Triest auf, um es alsbald zu vergessen. Als ich in der Schweiz Deutsch lernte, spürte ich den Druck der Notwendigkeit: Vorbei die Zeit spielerisch-ungezwungener Sprachaneignung, das Kind probte den Ernstfall. Das Kind oder das Nicht-mehr-ganz-Kind? Deutsch, das mir die Welt der Bücher erschloss, führte mich rasch in die Erwachsenenwelt, auf Expeditionen und Weltumsegelungen, auf Tibets Bergriesen und in den Wilden Westen. Meine Neugier entwickelte sich auf Deutsch, mein Versuch, sie in Worte zu fassen, desgleichen. Ungarisch und Slowenisch blieben auf Haus und Familie beschränkt. Auf »Küche, Kekse, Kleckse, Zimmerkatastrophen«, wie es in einem meiner Neunzeiler heißt. Kinder- und tiergerecht wollen sie mir bis heute erscheinen, zärtlich, zornig, kurzum: emotional. Gut behütet liegen sie unter dem »erhabenen« Deutsch, ständig bereit, sich affektiv hochzurecken. Mein Gefühlshaushalt artikuliert sich bevorzugt auf Ungarisch, zugegeben mit regressiven Tendenzen. Genauer mit einem Hang zum Diminutivischen.

Im Deutschen agiere ich geteilter, als Beobachterin meines Tuns. Ich unterscheide, ich wäge ab und wähle aus. Ich kontrolliere meinen Gang, von Wort zu Wort. Selbstverständlich ist das nicht, nichts mehr ist selbstverständlich an der Sprache. Nicht ihre Grammatik, nicht ihre Funktions- und Wirkungsweise. Ich vertiefe mich in ein fremdes Objekt, um es mir durch Studium vertraut und zum Instrument zu machen. Alle Sprachen seit dem Deutschen habe ich auf diese Weise erlernt, darunter Französisch, Englisch und Russisch. Jedes Mal beeindruckt von ihren Eigenheiten, ihren spezifischen Möglichkeiten, ihrem Klang. Und fasziniert von jenem Grad der Aneignung, der es erlaubt, ein wenig in eine fremde Haut zu schlüpfen, an einem Andern zu partizipieren, im Sinne einer erweiterten Identität.

Denke ich an mein vielstimmiges Kopforchester, bin ich in der Tat viele, aber diese Vielheit ist nicht Zerreißprobe, sondern Bereicherung. Das Deutsche behauptet seine Dominanz seit meinem sechsten Lebensjahr, ich schreibe meine literarischen Texte ausschließlich auf Deutsch, weil mir nur im Deutschen die gesamte Ausdruckspalette zur Verfügung steht. Doch in dieses Deutsch mischen sich andere Elemente. Russische Orts- und Personennamen, viele Verkleinerungsformen, ungarische Redewendungen (»das Haus im Arm halten«, in der Bedeutung: »das Haus in Schuss halten«), englische Zitate. Als Splitter in der Textintarsie haben sie ihre eigenen Farben, als Signalwörter ihren eigenen Echoraum. Es sind kleine, aufgeladene Teilchen, die Emotionen transportieren oder Assoziationsfächer entfalten, die Erinnerungen kristallisieren oder Fremdheit markieren. Ich gehe mit diesen Teilchen sorgfältig und eher unaufdringlich um. »Den Pelzhandschuh ans Gesicht gedrückt spitzte ich die Ohren. *Vrt.* Garten. *Smrt.* Tod. Ich lernte *Noč, Vlak, Dan, Kruh.* Ich lernte stumm, ich sammelte die Welt«, heißt es in meiner Kindheitserzählung *Garten, Züge*, wo die slowenischen Wörter wie Wesen erscheinen. Und geschmacksverstärkend ursprünglich erklingt in einem Kindheitsgedicht das Wort Vater auf Ungarisch und Slowenisch:

Vater kam aus dem *Akazienstaub*
und hatte die Hand zum Gruss erhoben
er trug kariert und ein junges Lachen
ich rief was das Zeug hielt: *Apa, Očka*
lief
ein loses Kind
in die Viertelumarmung
fiel
hin

Dagegen taucht in einem anderen Kindheitsgedicht ein englischer Ausdruck auf, der sich als Quasi-Übersetzung des deutschen »im Nu« erweist:

Diese Fährten
im bestimmten Ungefähren
Braunkohlegeruch
säuerlich
verweht
die Zunge leckt ihn
und magyarische Vokabeln
reiben sich an slawischen
im Nu
like instantly
treibt das Hier ins Damals
in die Kindheitsareale
perforierter Moment
Kohle
Geruch
und die Züge
pfeifen

Das Englische mag hier wie ein kleiner verfremdender Schnörkel wirken – bedingt nicht zuletzt durch rhythmische Erwägungen –, in meinem Gedichtzyklus *Love after love* ist es konstituierendes Element, nämlich als kontrapunktische Stimme. Allein schon die Menge englischer Ausdrücke und Zitate weist auf die polyphone Struktur des Zyklus hin, wobei mir daran gelegen war, die beiden Sprachen zusammenzureimen, klanglich zu amalgamieren: »Remember, I care. / I caress you. / Das Karo ist leer …« Oder: »Leave me, lover. Belagerung beendet. / Die Festung freit sich selbst. Ruine. Aber frei. / Freit sich, lover. In frivoler Verzweiflung. / Don't cry. / Don't be shy. / Und das Pendel schwingt: Nein.«

Keine Frage, dass in solch makkaronischer – mitunter fast glossolalischer – Sprachverschmelzung etwas von meinem Wunsch spürbar wird, das Diverse zur Totalität zu bündeln, in mehreren Sprachen auf einmal zu schreiben, mithin alle Register, Emotionen, Temperaturen einzusetzen. Denn immer geht es um das affektive Unterfutter der Idiome, um ihre wärmere oder kühlere Ausstrahlung. Was mir dabei als warm oder kühl erscheint, hat mit meiner Geschichte zu tun, mit meinem Verhältnis zu dieser oder jener Sprache, weniger mit objektiven Tatsachen. Auch wenn der große Reichtum des Russischen an affektiven Suffixen keinem Zweifel unterliegt.

In »babylonischen« Stunden träumt mir von einem Sprachenmix: Nimm von allem das Beste, darunter die einzigartigen (unübersetzbaren) *noms propres*, und schaff dir dein eigenes, multilingual changierendes Idiom. Das Deutsche liefert die ingeniösen, sinnlich kompakten Nominalkomposita, das Russische jene Suffixe, mit denen sich der Name Katerina mehrere Dutzend Mal abwandeln läßt (Katerinka, Katerinotschka, Katjona, Katjonuschka, Katenka, Katjocha, Katik, Katjulja, Katjuletschka, Katjunja, Katjura usw.), das Ungarische die unübertreffliche rhythmische Eingangsformel für Märchen (»Es war einmal, wo es nicht war, es war einmal ein Königsmädchen …«), das Englische die Prägnanz seiner Einsilber und seiner Syntax.

Nüchtern betrachtet aber stellt sich die Aufgabe, das Deutsche selbst »polyvalent« zu machen, indem ich ihm andere (Sprach-)Erfahrungen zuführe. Ein subtiler Übersetzungs- und Verfremdungsprozess, auf den vielleicht auch der Begriff Überformung zutrifft. Freilich in einem diskreten Sinn, denn es geht weder um eine beschädigte Grammatik noch um Pastior'sche Sprachalchemien.

Wenn ich mit russischen Namen wie Pletnjow, Ljudotschka, Ella Nojewna und Andrei liebäugle, tue ich das im Zusammenhang eines impliziten Dialogs mit russischen Texten. Ich färbe mein Deutsch und lege Fährten aus, schaffe ein fremdländisch schillerndes Erzählklima. Doch wichtiger als jede Exotik ist die Frage, wie ich slawisch-ungarische Emotionalität rüberbringen kann. Wo etwa das Russische über viele affektive Suffixe verfügt, muss ich mich im Deutschen mit zwei Verkleinerungsformen begnügen. Ein schlechter Tausch. Trotzdem: Klingt »Alleinchen« nicht zärtlich? Und der Satz: »Das Häuschen ist ein Kabäuschen, das Zimmer ein Schimmer, darin ich wie ein Wicht, wie die Puppe in der Puppe in der Puppe.« Zweifellos ist diese Art von slawisch-ungarisch soufflierter Emotion kindlich konnotiert, mit einem Hang zum Märchenhaften. »Warm ist es, die Stille rauscht. Und da und dort ein Knacken in den Schränken. Als flüsterten die Kleider, Schuhe, Hemden.«

Mehr und mehr will es mir scheinen, mein Schreiben wurzle im Sound der ungarischen Märchen, die mir Mutter auf den Kalkfelsen von Miramar vorlas. Eine verführerische Musik, wie jene der Meeresbrandung. Die Poesie kann ihr nahe kommen, die rhythmisierte lyrische Prosa. Hauptsache, das Ohr ist wachsam. Denn letzten Endes entscheidet das Hörorgan, was mit dem tumultuösen Stimmenorchester geschehen soll, warum dieses russische oder englische Einsprengsel, dieses Leitmotiv oder jener makkaronische Reim. Die Regie des Ohrs hat ihre eigene Stringenz, indem sie auch weit Auseinanderliegendes zusammenbringt.

Wie aus dem Hören Schreiben wird, erzählt das Ende meiner kurzen Tagebuchprosa »Ein Tag (and very quiet)«: »Der Fisch ist gar, die Uhrzeit neun, und Orion über allen Antennen. Hat wer geklingelt? Nein. Es muss das Ohr gewesen sein. Himmel, was sich da regt, in diesem Ohrwerk. Ein Filmorchester. Dann wieder Stimmen, Worte, unsortiert. Dass mir fast schwindlig wird. Ich esse, ich vergesse, dass ich allein bin. Weitertun, am Text der Stimmen. Während die Zunge schmeckt, formt sie Vokabeln, es ist ein Schlucken und Spucken und Spucken und Schlucken zugleich. Niemand sieht zu, nur die wildroten Tulpen in der Vase. Und der Abend, der sich schon Nacht nennt. Er ist mein Freund. Mit ihm bin ich anders wach und endlich wirklich. Durchmesse das Haus, als ginge es zum Tanz, greife hier nach einem Buch und dort nach einem Hut. Die Zeit steht still wie auf der Bühne. Und wenn jetzt kein Telefon schrillt, bleibt der Abend ein leeres Tape. Traumhaft. Saadi sinnt: ›Versunken ist, was gut, was böse war am Weltenlauf – es blieb vom Gram kein Gran zurück …‹ Es gibt Saadis Gutenachtsätze und Bahman Nirumands schneidende zum unerklärten Weltkrieg. Sie tun so weh, dass sich selbst der Schlaf davonmacht. Um zwei aber will ich ihn, ohne Schäfchenzählen, sofort. Afghanistan, Pakistan, Iran, die Reime tun keine Wirkung. Erst Isfahan bringt blaue Ruhe in meine Winternacht.«

Magische Schrift: Körper der Literatur oder Tarnmantel der Politik?

Yoko Tawada

Die Buchstaben liegen da wie feine, gefährliche Gräten eines Fisches, nachdem der Leser den Inhalt des Textes aufgegessen und verdaut hat. Eigentlich sollte man die nutzlosen Gräten wegwerfen, aber sie sehen irgendwie bedeutsam aus. Ich starre auf einen Buchstaben auf der Buchseite, die ich gerade durchgelesen habe, und frage mich: Was sind das für seltsame Figuren, die vor meinen Augen stehen? Sind das Schatten oder Fußspuren? Sie blicken ohne Worte auf mich zurück, als wollten sie mich an etwas erinnern. Es geht nicht mehr um den Inhalt des Textes. Wie geht man mit der beunruhigenden Anwesenheit der Buchstabenkörper um? Vielleicht sind sie die Stäbe eines Gitters. Wer steht auf der anderen Seite des Gitters? Bin ich gefangen oder ist es der andere? Und wer ist überhaupt der andere auf der anderen Seite?

Die Schrift folge der Politik des Landes, während die Sprache mit der Kultur mitgehe: Diese heutzutage nicht mehr ganz nachvollziehbare Ansicht, die ich als Jugendliche kennenlernte, spiegelte die Weltkarte von damals wider. In der sowjetisch beeinflussten Republik Mongolei zum Beispiel benutzte man die kyrillische Schrift, während man dieselbe Sprache im mongolischen Gebiet der Volksrepublik China mit der mongolischen Schrift schrieb, die von der uigurischen abgeleitet worden war. Nach der Perestroika wechselte man auch in der mongolischen Republik über zur mongolischen Schrift. Ist die Schrift bloß eine Uniform, die man nach einem Machtwechsel schnell an- oder ausziehen kann?

In Japan war nach dem Zweiten Weltkrieg eine Schriftreform durchgeführt worden. Man vereinfachte die Ideogramme mit der Begründung, dass die Last der Ideogramme die technische Entwicklung des Landes verhindert hätte. Es gab Intellektuelle, die die Reform kritisierten und ablehnten, die Mehrheit akzeptierte sie jedoch ungefragt. Während man einen plötzlichen Sprachwechsel eines Volkes sofort mit Kolonialismus oder Staatsgewalt assoziiert, gehört die Rechtschreib- und Schriftreform zur Tagesordnung einer demokratischen Gesellschaft. Keiner denkt, dass man die unlogischen Stellen in einer Grammatik korrigieren und eine bessere Regel gesetzlich verordnen könnte, aber viele Menschen glauben, dass es eine logischere Weise gibt, den Klang eines Wortes in Buchstaben zu übertragen.

Auch in der Volksrepublik China wurden die Ideogramme vereinfacht. Ihre Reform, die 1955 stattfand, war viel radikaler als die in Japan, so dass die in China neu entstandene »Kurzschrift« für die Taiwaner und die Japaner nicht mehr ohne weiteres zu lesen ist. Die Sympathisanten des chinesischen Kommunismus in Japan benutzten die Kurzschrift, und daher konnte ich ihre handgeschriebenen politischen Plakate schon von Weitem erkennen. Den Inhalt des Textes, der auf den Plakaten stand, habe ich längst vergessen, während der Eindruck der unheimlichen Schrift für immer in meinem Gedächtnis geblieben ist.

1979 auf meiner ersten Auslandreise besuchte ich unter anderem Polen. Als Slawistik-Studentin empfand ich damals die kyrillische Schrift für jede slawische Sprache, auch für Polnisch, praktischer als die lateinische Schrift. Ich hatte Schwierigkeiten mit den im Polnischen häufig auftauchenden Kombinationen von Konsonanten wie zum Beispiel RZ, SZ oder DS und auch mit den Haken, den Querstrichen oder dem Schwanz, die die Buchstaben modifizieren. Benützte man die kyrillische Schrift, bräuchte man für jeden Zischlaut meistens nur einen Buchstaben. Für mich gab es sogar deutsche Wörter, die ich lieber mit den kyrillischen Buchstaben geschrieben hätte als mit den lateinischen. Die Kohlsuppe mit roten Rüben wird kalt, bevor man das Wort »Borschtsch« buchstabiert hat. Die lateinische Schrift in Polen war dennoch ein passenderes Verpackungspapier für mich als die kyrillische, in der ich meine erste Erinnerung an dieses Land aufbewahrt habe. Ich sah dort keine Ikone der russisch-orthodoxen Kirche, dafür aber viele Menschen, die sonntags zum Gottesdienst in eine katholische Kirche gingen. Ich sah hier und da die Räumlichkeiten und die Fassaden, die die Sehnsucht nach Paris erweckten.

Es ist ein glückliches Schicksal, ein Land mit einer sehr früh hochentwickelten Schriftkultur als Nachbarn zu haben. Westlich von Japan liegt China, östlich von Japan der schriftlose Pazifik. Wäre Japan nicht östlich, sondern westlich von China gelegen, gäbe es zwar keine Kultur, die man heute als japanische Kultur bezeichnet, aber dafür hätte man in Japan kein unnötig kompliziertes Schriftsystem entwickeln müssen.

Man hätte wahrscheinlich Japanisch entweder mit dem lateinischen Alphabet oder mit der arabischen Schrift geschrieben. Die Chinesen haben zwar die Japaner nie gezwungen, ihre Schrift zu übernehmen, und es ist eigentlich ungünstig, die japanische Sprache mit der chinesischen Schrift zu schreiben, aber es gab keine andere Wahl.
In der alten japanischen Gedichtsammlung *Manyoshu* (8. Jh.) hat man die Ideogramme hauptsächlich als phonetische Schrift verwendet. Das heißt, man lieh den Laut eines Zeichens und ignorierte seine Bedeutung. Etwas später entwickelte man eine japanische phonetische Schrift, jedoch wechselte man nicht ganz zu einer eigenen phonetischen Schrift über, sondern man schrieb bestimmte chinesische Begriffe so, wie sie im Original sind, in Ideogrammen und mischte diese unter die phonetische Schrift.
Theoretisch könnte man jede Sprache, auch Deutsch, mit den chinesischen Ideogrammen schreiben: Man schreibt zum Beispiel ein Ideogramm, das »Berg« bedeutet, und spricht dann das Wort einfach »Berg« aus. Denn ein Ideogramm schreibt uns nicht vor, wie man es aussprechen soll. Aber wie macht man den Unterschied zwischen »dem Berg« und »der Berg« oder »schlief« und »schlafe« klar? Ähnliche Probleme entstehen, wenn man Japanisch mit den Ideogrammen schreibt. Man muss deshalb die grammatikalischen Verbindungsstücke und Endungen, die die chinesische Grammatik nicht nötig hat, mit der japanischen phonetischen Schrift schreiben und einfügen.
Man kann also jenen japanischen Linguisten keinen Eurozentrismus vorwerfen, die behaupten, es wäre besser gewesen, wenn man Japanisch mit dem Alphabet geschrieben hätte. Mittlerweile weiß man auch in Japan, dass die chinesische Kultur nicht die einzige Hochkultur der Welt ist, aber es ist zu spät: In den letzten tausend Jahren ist die japanische Sprache durch den Prozess der Aufnahme der Ideogramme so stark beeinflusst worden, dass die Trennung von dieser ursprünglich ausländischen Schrift undenkbar geworden ist. Eine Trennung wäre, als würde man von einem Biotop plötzlich die Hälfte der Pflanzen entfernen, nur weil sie tausend Jahre später als die anderen hinzugekommen sind. Es gab in der Geschichte immer wieder den Versuch, die Nationalsprache zu reinigen. Die türkische Sprache versuchte, alle arabischen Wörter aus dem eigenen Leib zu entfernen. Die französische oder noch mehr die norwegische Sprache üben eine strenge Grenzkontrolle aus, damit nicht zu viele Fremdwörter in ihr Land einwandern.

Während des Zweiten Weltkrieges waren in Japan die Fremdwörter aus dem Englischen verboten. Der Minderwertigkeitskomplex gegenüber der chinesischen Kultur wurde in der Explosion der militärischen Gewalt gegen China scheinbar aufgehoben und vergessen. Kein Japaner dachte daran, die Ideogramme und die davon untrennbaren sino-japanischen Wörter aus der Kokugo, Nationalsprache, auszulöschen. Es wäre nicht möglich gewesen, selbst wenn die Nationalisten das gewollt hätten. Denn man schreibt Begriffe wie »Staat«, »Nation«, »Militär«, »Volk« sogar »Tenno (japanischer Kaiser)« nicht mit der japanischen phonetischen Schrift, sondern immer mit den Ideogrammen. Hätte man diese Begriffe in der japanischen phonetischen Schrift geschrieben, hätten sie sofort ihre Autorität verloren. Die japanische phonetische Schrift wirkte schon seit dem Mittelalter, als sie als Frauenschrift gegolten hatte, weiblich und privat. Autorinnen aus dem 11. Jahrhundert wie die Hofdamen Murasaki und Seishonagon benutzten diese Schrift, die es ihnen ermöglichte, ihre Gefühle und Gedanken individueller und konkreter zu beschreiben. Hingegen waren ihre männlichen Kollegen gezwungen, die chinesische Schrift zu benutzen, die man noch nicht gut genug in die eigene Sprache integriert hatte. Dadurch endeten ihre Werke als unbedeutende Imitationen der chinesischen Literatur und wurden bald vergessen. Die Autorinnen im Mittelalter waren offiziell von der Ausbildung der chinesischen Klassiker ausgeschlossen. Aber es ist bekannt, dass sie manchmal inoffiziell im Unterricht für ihre Brüder saßen und die chinesischen Klassiker und somit auch deren Schrift lernten. Sie waren zum Teil besser als ihre Brüder. Sie schrieben also die phonetische Schrift mit dem Wissen über die Ideogramme.

Die Koreaner hatten wie die Japaner die chinesischen Ideogramme mit der eigenen phonetischen Schrift gemischt verwendet, bis das Land von den Japanern besetzt wurde. Während der Besetzung waren sie gezwungen, ausschließlich Japanisch zu benutzen. Nach der Befreiung des Landes kehrten sie zurück zur eigenen Sprache, und die koreanische Schrift wurde als die einzige offizielle Schrift Koreas festgelegt. Das allgemeine Interesse für die Ideogramme war ohnehin gering, da sie eine Gemeinsamkeit mit der japanischen Sprache verkörperten. Das zunehmend nationalistische Gefühl förderte die Abschaffung der Ideogramme, um sich vom langjährigen chinesischen Einfluss zu befreien. In Nordkorea wurden schon 1948 bei der Gründung des Landes die Ideogramme definitiv abgeschafft. Zuerst schienen die Nordkoreaner radikaler und konsequenter zu sein als die Südkoreaner, die einen allmählichen Übergang vorzogen. 1968 wurden aber in Nordkorea die Ideogramme als Pflichtfach in die Schulausbildung wieder eingeführt. In Südkorea tauchte auch die Meinung auf, dass man die Ideogramme wieder einführen sollte. In den Neunzigern wurde dort oft über die Wiedereinführung der Ideogramme diskutiert. 1998 bezeichnete eine Monatszeitschrift die endlose Debatte um die Ideogramme als den »fünfzigjährigen Schriftkrieg«. Am Beispiel Koreas kann man sehen, dass der Wechsel von der ideographischen zur phonetischen Schrift kein natürlicher Entwicklungsprozess ist und deshalb eventuell rückgängig gemacht werden kann.

Wenn man sich diese ganzen Debatten um die Wahl der Schrift im weiten Gebiet zwischen Ostasien und der Türkei vor Augen hält, staunt man eher darüber, dass die Benutzer der lateinischen Schrift ihre Schriftwahl nie in Frage stellen. Ich bin sicher eine der wenigen Autorinnen in Europa, die sich oft fragt, ob man nicht eine europäische Sprache auch in einer anderen Schrift schreiben könnte. Dichten mit europäischen Ideogrammen: Das ist ein Kunstprojekt, das ich bis jetzt noch nicht realisiert habe, das aber bereits auf mein Schreiben Einfluss hat.

2003 hörte ich in Sofia einen Vortrag über die Schrift-Debatte in Bulgarien. Nach der Perestroika gibt es selbst am Geburtsort der kyrillischen Schrift die Überlegung, ob man nicht zu den lateinischen Schriftzeichen überwechseln sollte. Der Vortragende erwähnte dafür zwei Gründe. Der erste Grund kam mir vor wie eine jener verdächtigen Argumentationen, die die moderne Technik als Vorwand benutzen, um eine politische Absicht oder eine Geschäftsidee zu vertuschen. Man behauptete nämlich, dass es im Zeitalter des Internets ungünstig sei, ein anderes Schriftsystem zu haben als das lateinische. Es überzeugte mich nicht, da man schon längst die E-Mails und auch SMS auf Japanisch schicken konnte. Ich weiß zwar nicht, wie man ein paar tausend Schriftzeichen ins kleine Mobiltelefon hineingestopft hat, aber für die kyrillische Schrift sollte es auf jeden Fall genug Platz geben.

Die Einführung des Computers verursachte in Japan einen neuen Ideogramm-Boom. Die historischen Ideogramme, die fast in Vergessenheit geraten waren, wurden wieder häufiger benutzt, da man mit dem Computer jedes selten benutzte, komplizierte Zeichen sofort abrufen kann, das man bis vor kurzem in einem dicken, staubigen Lexikon mühsam suchen musste. Man lernt ungefähr zweitausend Schriftzeichen in der Schule, manche lernen viel mehr. Aber man vergisst oft die Zeichen, die selten vorkommen, während der Computer nie ein Zeichen vergisst. Bis zur Verbreitung des Computers gab es in Japan die Tendenz, immer weniger Ideogramme zu benutzen. Aber der Computer unterstützt das Gedächtnis der älteren Leute und verstärkt den Spaß an dem visuellen Charakter der Schrift, besonders bei den jungen Leuten.

Zurück zu Bulgarien. Der zweite Grund für den Wechsel zur lateinischen Schrift sei, dass, so meint man, die kyrillische Schrift bei den internationalen Geschäftspartnern ein kommunistisches Image hervorrufen könnte.
In der Tat kann eine fremde Schrift in uns eine bestimmte Kombination der Erinnerungen aktivieren und unsere Emotion beeinflussen, bevor wir kritisch darüber nachgedacht haben. Man kann sich gegen die Effekte einer fremden Schrift schwer wehren. Es ist damit vergleichbar, wie wir auf die Kleidung einer Person reagieren. Bestimmte geographische, historische oder klassenspezifische Assoziationen, die im Kopf eines Betrachters ausgelöst werden, zwingen ihn, schnell ein Urteil über die Person zu fällen. Das Problem liegt nicht unbedingt in der Geschwindigkeit, mit der wir ein Bild aufnehmen, sondern eher in der Komplexität eines Bildes. Wenn die Schrift im Vordergrund steht, wird ein Text zu einem Bild.

Ein japanischer Journalist sagte mir schon vor einigen Jahren, dass die Zeitungsleser in Japan keinen langen Artikel mehr lesen könnten. Die Artikel werden immer kürzer und die Schriftzeichen immer größer, während die Farbfotos immer mehr Platz in Anspruch nehmen. Man muss davon ausgehen, dass die Leser nicht nur die Fotos, sondern auch das Geschriebene immer mehr als Bild aufnehmen: besonders die Schlagzeilen. Die Drucktypen für die Schlagzeilen sind heutzutage so fein differenziert, dass sie die Einstellung des Lesers genau bestimmen, bevor er überhaupt den ersten Satz des Artikels gelesen hat. Bei einem bestimmten Drucktyp weiß man sofort, dass es um ein Erdbeben geht, bei einem anderen handelt es sich um die Armut in der sogenannten Dritten Welt, und bei einem dritten darf man entspannt sein, weil man eine kleine nette Geschichte zu hören bekommt wie zum Beispiel: Grundschülerinnen retteten die Enten aus dem Industriekanal! Der Leser wird von Anfang an gezwungen, Zuschauer mit einer entsprechenden Stimmung zu sein: Zuschauer einer Naturkatastrophe oder Zuschauer der Politik. Die meisten Leser empfinden das nicht als Zwang, sondern als Hilfe.

Die Information wird als Grafik perfekt gestaltet und wirkt daher verschlossen. Ich versuche an der Mauer der Drucktypen eine marode Stelle zu finden, an die ich den ersten Satz meines Textes anschließen kann, aber es gelingt mir nicht.
Auch die Schultexte werden in Japan jedes Jahr bunter und textärmer. Sie visualisieren die Lehrstoffe und passen sich der Manga-, Anime- oder Nintendo-Kultur an. Die Buchseiten sehen auf den ersten Blick zugänglich und kinderfreundlich aus, aber mir fällt es schwer, den Text wirklich zu lesen, wenn die Augen einmal auf den Manga-Modus gestimmt sind.

In den Achtzigern wurde ich in Deutschland öfter gefragt, warum die Japaner immer noch nicht die Ideogramme abgeschafft haben. Es gab Menschen, die alle anderen Schriften als die lateinische als ein Symptom einer Krankheit ansahen. Ein Land könne nur archaisch, fundamentalistisch oder kommunistisch sein, wenn es keine lateinische Schrift akzeptiert. Manche glauben einfach fest daran, dass die lateinische Schrift praktischer und für die Kinder leichter zu lernen wäre als Ideogramme. Es gab in den Achtzigern ein Gegenargument, das von den Japanern gerne wiederholt wurde: Die Kinder, die so viele Ideogramme lernen müssen, gewöhnen sich frühzeitig daran, jeden Tag eine Stunde alleine am Schreibtisch zu sitzen. Dadurch werden sie auch in den anderen Fächern besser. Außerdem habe Japan die wenigsten Analphabeten in der Welt. Also könne man den Analphabetismus nicht durch die Vereinfachung der Schrift bekämpfen. Diese Überzeugung hat so lange gehalten, wie die Wirtschaft scheinbar florierte. Der Linguist Katsuhiko Tanaka vertrat aber schon damals die Meinung, dass man in Japan die Ideogramme abschaffen sollte. Der Kenner der Geschichte der deutschen Sprache, der in Bonn Linguistik und Philosophie studiert und sich in der Sowjetunion mit der mongolischen Sprache auseinandergesetzt hatte, fand es bedauerlich, dass die japanische Sprache durch das Kleid der Ideogramme für die meisten ausländischen Studenten verschlossen blieb. Er schrieb, es sei ein Glück für die Benutzer der mongolischen Sprache gewesen, dass sie schnell vom Versuch abgekommen seien, die chinesischen Ideogramme zu übernehmen. Die uigurische Schrift, die man stattdessen eingeführt habe, basiere auf dem gemeinsamen kulturellen Boden wie die mongolische Sprache, so dass diese bis in die Moderne hinein die Kraft für neue Wortschöpfungen behalten habe. So habe man dort aus eigenen landwirtschaftlichen und religiösen Quellen Wörter wie »Sozialismus«, »Kapital« oder »Wirtschaft« geschaffen.

In Japan hingegen habe man sich solche Begriffe aus den chinesischen Ideogrammen gebastelt und nicht aus dem alten japanischen Wortschatz. Als Folge sind diese neueren Begriffe heute noch als Fremdkörper im Leib der Muttersprache spürbar.

Seit zehn Jahren habe ich in Europa nicht mehr die Frage gehört, warum die Japaner immer noch nicht auf die Ideogramme verzichtet haben. Stattdessen spüre ich ein wachsendes Interesse für die Ideogramme. Die Kinder in den deutschen Schulen, wo ich Lesungen anbot, waren viel mehr an den chinesischen Schriftzeichen interessiert als an meinen Texten. Das liegt vielleicht auch an meinem Text. Selbst wenn ich auf Deutsch schreibe, bleibt die Bilderschrift im weitesten Sinne in meinen Texten anwesend.
Ich weiß nicht, ob das wachsende Interesse an den Ideogrammen durch den Einfluss der Manga-Kultur zu erklären ist, oder ob es eher mit dem wirtschaftlichen Aufschwung Chinas zu tun hat. Seien es Angestellte in einem Computergeschäft, Akademiker, Kulturmanager oder Künstler, mit denen ich in Kontakt kam, alle wollten mehr über die Ideogramme wissen. Vielleicht ist das Teil eines globalen Prozesses, in dem das visuelle Denken in den Vordergrund rückt.

In meinem Schreiben wurde ich immer wieder von den deutschen Wörtern wie »Stern-kunde«, »Schrift-steller« oder »Fern-seher« inspiriert. Sie kamen mir vor, als hätte man zwei uralte germanische Ideogramme miteinander verbunden, um ein neues Wort zu bilden. Eine romanische Sprache klingt sicher melodiöser und farbenreicher als Deutsch. Englisch hat eine schlichte, moderne Eleganz, die Deutsch nicht unbedingt hat, und meine Vorliebe für slawische Sprachen wird nie verschwinden. Aber die Bausteine der deutschen Wörter enthalten für mich einen ideographischen Charakter, der für mein Schreiben elementar zu sein scheint.

In meinem japanischen Schreiben leide ich unter den Fremdwörtern aus dem Englischen und den steifen sino-japanischen Wörtern, aber das bedeutet nicht, dass ich mich etwa nach der Reinheit der Sprache sehnen würde. Im Gegenteil. Die heutige japanische Sprache kommt mir vor wie ein Mülleimer der Sprachgeschichte, und gerade das ist ein Grund, warum mir diese Sprache gefällt. Ein Mülleimer ist eine wichtige Inspirationsquelle, weil man oft das Wichtigste wegwirft. Ohne Bekanntschaft mit der deutschen Sprache zu schließen, hätte ich gar nicht gemerkt, dass ich einen Mülleimer habe, der meine Schatzkiste sein kann.

Erfahrungen

Tuvia Rübner

Zwölf Jahre nachdem ich ins damalige Palästina gekommen war, schrieb ich weiterhin Gedichte und kleine Prosa auf deutsch. Meine Sachen waren zufällig in die Hände von Werner Kraft gekommen, und sie fanden sein Interesse. Er zeigte sie Ludwig Strauß, und auch er bezeugte Interesse. So begann die lange Freundschaft mit beiden, die mir Mentoren waren und denen ich das meiste von dem verdanke, was meine geistige Existenz ausmacht. Paradoxerweise tauchte ich in meine Muttersprache erst in Palästina, nachher Israel, tiefer ein und eignete mir hier deutsche Dichtung und Literatur an.

Sowohl Ludwig Strauß, der auch hebräische Gedichte schrieb, wie Werner Kraft, der des Hebräischen kaum mächtig war, rieten mir immer wieder, hebräisch zu schreiben, in der Sprache, in der sich mein äußeres Leben vollzog und die ich sprach. Aber erst 1953, als ich meine zweite Frau heiratete, und zwei Jahre nach Erscheinen des hebräischen Gedichtbandes von Ludwig Strauß begann ich die ersten Versuche mit Gedichten auf hebräisch. Leicht war der Übergang nicht. Nie hatte ich systematisch Hebräisch gelernt. Die Umstände, unter denen ich in das neue Land kam, 1941, mit noch acht Gleichaltrigen, schon mitten im Krieg, kurz vor der Operation Barbarossa, Rommel stand vor Alexandria, waren wenig günstig. Im Kibbutz, in den wir geschickt wurden, war die Atmosphäre gespannt; der Leiter der Gruppe, der auch unser Lehrer war, war weder ein systematischer Lehrer, noch widmete er sich ausschließlich unserem Unterricht. So mußte ich Hebräisch selber langsam lernen, dank der Lektüre von Gedichten und der Prosa von Samuel Joseph Agnon. Es ist eine reiche, bilderreiche Sprache, die viele historische Schichten in sich aufgehoben hat. Meine war zu Beginn seicht, mein Wortschatz war gering. Und doch bekam ich nach Veröffentlichung meines ersten Gedichtbandes in einer Besprechung eines Wissenden zu lesen, welche Formen und Anspielungen ganz früher Texte es in meinen Gedichten gäbe. Wieder ein Paradox. So will mir scheinen, nicht ich habe mir Hebräisch angeeignet, sondern die Sprache mich. Doch dauerte es einige Zeit, bis es dazu kam, daß ich ein anerkannter, für manche zentraler Dichter der Nachkriegsgeneration wurde (gemeint ist der Befreiungskrieg 1948), und dieses Jahr sogar den Israel-Preis, die höchste Auszeichnung, bekam. Das sage ich weniger stolz als verwundert, denke ich an meine Anfänge zurück, Dichter in erlernter Sprache.

Erst ging es um die Erweiterung des Wortschatzes, dann um Wortfindung, schließlich um Wortbildung. Aber das Fremde führt auch zu einer besonderen Nähe. Denn wer von frühster Kindheit in einer Sprache aufwächst, der redet, wie ihm der Schnabel gewachsen ist, schaut den Worten nicht aufs Wort. Der Fremde prüft, was ihm nicht selbstverständlich ist, und dringt dadurch tiefer in die Sprache ein. Nicht nur die Syntax einer semitischen Sprache ist von der einer indogermanischen verschieden, auch das Lautmaterial, das im Hebräischen auf den Konsonanten, im Deutschen auf den Vokalen basiert. Das Bildmaterial ist in vielem anders. Wie häufig gab es Herbst in meinen deutschen Gedichten (Welken, Müdigkeit: Rilke, George, Trakl). Hier ist der Herbst ganz kurz Ernte- und Lesezeit (eigentlich der Spätsommer), vor allem ist er Saatzeit und nach der langen Trockenheit erstes Grünen. Das neue Jahr beginnt im Herbst, und so ist er eine Übergangszeit, wie in Deutschland der Frühling. Möge dieses eine Beispiel für manch andere stehen.

Nicht allein der neuen Wirklichkeit angemessene Vergleiche mußte ich finden (ich bin ein Augenmensch); ich hatte auch dem Wandel nachzugehen, den das Hebräische, lange Generationen hindurch Schriftsprache, erfuhr und erfährt in Israel. War zuerst vor allem das biblische Hebräisch das Leitbild, so begann man später das mischnaische Hebräisch und das der Midraschim, das einen mehr prosaischen Charakter hat, vorzuziehen. Die Verflechtung beider Schichten machte die Sprache geschmeidiger; und wiederum: Was dem Ivrithgebürtigen leichtfiel, fiel dem Hinzugekommenen schwerer. Dann begann auch die dichterische Sprache kraft der gesprochenen sich aufzulockern. Und dennoch fehlt mir auch heute noch im Hebräischen, das im Grunde eine »hochgeborene« Sprache ist, das Innige, es fehlen die Diminutive, die sie mit etwas kindlich klingenden Suffixen wiederzugeben versucht. Hingegen besitzt Hebräisch eine Kürze des Ausdrucks, wie es sie vielleicht im Englischen gibt, nicht aber im Deutschen, dieser nach Kraus »gedankenreichsten« Sprache (bis Hitler). In einer gewissen Periode speiste diese Kürze meine Poetik.

Die Thematik unterscheidet sich, es ist kein Wunder, in einem seit Beginn von Terror und Kriegen heimgesuchten Land von der Thematik in friedlichen (oder fast friedlichen) Ländern. Angst und Furcht sind hier konkreter als allgemeines Bangen vor der Zukunft. Die Klage ist gegenwärtig, wie auch die Toten. Die sechsundsechzigjährige Vergangenheit, die auf mir sitzt, von der ich mich befreien möchte und nicht kann, läßt meine Einbildungskraft nicht los. Das Schweigen, das zu der Poetik der biblischen Sprache gehört, war mir hilfreich.

Ein neuer Abschnitt in meiner Beschäftigung mit der Sprache begann, als Christoph Meckel mit Efrat Gal-Ed mich mit einem Band Übersetzungen meiner Gedichte unter dem Namen *Wüstenginster*[1] überraschten. Als ich hebräisch zu dichten begann, entsagte ich völlig dem Deutschen und war gemäß der Poetik von Strauß, so wie ich sie verstand, gegen Übersetzung. Nun sah ich plötzlich, daß auch auf deutsch die Gedichte Gedichte sein konnten. Nach einiger Zeit kam mir der Gedanke, mein eigener Übersetzer zu sein, und es entstanden eine Reihe von Gedichtbänden, die bei Rimbaud erschienen. Beim Übersetzen gibt es viel zu lernen. So meine ich heute, daß es wenig Sinn hatte, ein Gedicht wie das untenstehende aus dem Band *Rauchvogel*, einem heutigen deutschen Publikum vorzulegen. Wer unter den heutigen Lesern ist so bibelfest, daß er die Folie biblischer Verse erkennt, wenn es heißt:

LANGSAM wiederum, langsam
versuchen, langsam
Jubel in der Öde
und wie das Gras auf dem Felde
langsam ein Auge
öffnen, vielleicht läßt sich wirklich
etwas erblicken, eine Ameise, lernen
die Hand bewegen, langsam, oder
einen Finger, vielleicht
die Lippen, langsam, langsam
Halleluja.[2]

Hinter einem anderen Gedicht, ›DASS WIR AN ALLEN TAGEN‹[3], steht ein Text aus der Pessah-Haggada, und die Überschrift des Originals lautet wie im Urtext »Diese Nacht«. Das Wort »dunkeleins« aber ist eine deutsche Findung, im Original steht etwas anderes. Da ich als Übersetzer vom Dichter autorisiert bin, kann ich Änderungen vornehmen, wie es das Sprachgefühl und der Assoziationsbereich der jeweiligen Sprache erfordern. Es wird eben im Hebräischen anders gedichtet als im Deutschen. Und dennoch: Das leicht Fremde in der Übersetzung könnte neue rhythmische Qualitäten und neues Anschauungsmaterial in der Zielsprache fördern und ihren gesamten Sprachkorpus in eine leichte Bewegung versetzen.

Ich sagte, daß ich auf das Deutsche völlig verzichtet habe, seitdem ich hebräisch zu dichten begann. In meinem letzten Band gibt es aber Ausnahmen, originale deutsche Verse. Einerseits handelt es sich um Thematisches, anderseits um Sprachliches.
Unmöglich wäre auf hebräisch mein kürzestes »Gedicht«:

BIRKENAU
Was ist eine Birke?[4]

Im Hebräischen gibt es ja nicht diesen bösen Reim, kraft dessen, meine ich, alles Lebendige in Frage gestellt wird. Was könnte ein Ivrithleser (Ivrith=Hebräisch) mit einem Gedicht wie ›Ansichtskarte Passau‹[5] anfangen? Oder mit ›Der Bart des Rabbiners‹[6], mit dem Zitat aus Viktor Klemperers Tagebüchern? Hingegen gelang mir in der Übersetzung des Gedichtes, das im Original den Titel »Ein Blatt aus der Vogel-Haggada« trägt, etwas Neues, wenn es im Deutschen »Vogel Frei«[7] heißt. Unmöglich auch wäre auf hebräisch das Bänkellied über den Film »Der Untergang«[8].

In der Übersetzung meiner Ungereimte(n) Kinderreime, konnte ich teilweise Entsprechendes finden. Heißt es im Original

An**i** veat**a**
ezy**o** beat**a**
mifl**e**tzet kaz**o**t
ayin lo r*a*´at**a**

(die betonten Silben sind halbfett, die schwächer betonte ist kursiv gesetzt) und in wörtlicher Übersetzung:

Ich und du
welch ein Schrecken
ein solches Scheusal
hat kein Auge je gesehen.

Das Reimmuster des Rubai a--a-b-a wäre verlorengegangen und damit das immer lautbar werdende at**a** = du, das natürlich für beide Partner gilt.
Ich übersetzte:

Du und ich
schauerlich
so ein Scheusal
gabs noch nicht.[9]

Will man, so kann man das zweifache ICH der Reimsilbe zu einem NICHT führen hören.

Ein anderes Beispiel, bei dem ich eine ganz unterschiedliche Folie, nämlich die von bekannten Kinderversen nahm (Ich und Du / Müllers Kuh ...), lautet so:

Ich und du
Fleischers Kuh
Fleischers Schlachtvieh
ich und du[10]

Was zwischen den beiden Ich und Du inmitten geschieht, hat den Scherz der Auszählung umgeformt.

Das sind so kleine Arbeitsgeheimnisse, die die eigentlich mich überraschende, weiterhin bestehende Korrespondenz zwischen den beiden Sprachen beweisen.

Sowenig wie die ersten Landschaftserlebnisse je aus der Seele ausgetilgt werden können, so eben auch nicht die ersten Sprachlaute, die man als Kleinkind aufgenommen hat. Und so kommt es, daß, nachdem ich 55 Jahre hebräische Lyrik schreibe – Aufsätze ohnehin –, mich deutsche Verse, vorsintflutliche, immer noch unmittelbarer ansprechen als hebräische, solche, die ich von früher her kannte, kaum die heute gemachten.

Anmerkungen

1 Tuvia Rübner: *Wüstenginster.* Gedichte. Hg., aus dem Hebräischen übersetzt und mit einer Nachbemerkung von Efrat Gal-Ed und Christoph Meckel. München (Piper) 1990. — **2** Tuvia Rübner: *Rauchvögel. Ausgewählte Gedichte I. 1957–1997*. Aachen (Rimbaud) 1998, S. 6. — **3** Ebd., S. 28. — **4** Tuvia Rübner: *Wer hält diese Eile aus*. Gedichte. Aachen (Rimbaud) 2007, S. 36. — **5** Ebd., S. 40. — **6** Ebd., S. 37. — **7** Ebd., S. 49. — **8** Ebd., S. 65. — **9** Ebd., S. 74. — **10** Ebd., S. 80.

Kornél Estis Abenteuer mit der deutschen Sprache – eine Skizze –

Péter Esterházy

Kornél Esti (Romanheld von Dezsö Kosztolányi (1885-1936) – Anmerkung des Herausgebers) wußte natürlich, wann er alt geworden war. Wann es war, als er alt wurde. Gestern, Dienstagmorgen um Viertel nach neun. Aber was heißt schon alt. Alt ist, so Esti, wenn jemand über sich selbst sagt, er sei alt. Esti umlagerte sich mit Wörtern, ihm schien sogar, die Welt bestehe aus Wörtern. Nun, dazu hätte ich sehr wohl etwas zu sagen. Zum Beispiel gerade im Zusammenhang mit dem Alter, da gibt es den Tod. Der Tod ist nicht nur ein Wort. Probieren Sie es einmal aus. Oder der Gestank auf der Toilette. Egal, lassen wir das, vielleicht habe ich etwas mißverstanden.

Dieser Dienstag benahm sich, warum auch immer, als sei er ein Sonntag, ein Sonntag alten Schlags, gemütlich, ruhig, langsam und faul, Esti las liegend; unerwartet waren es Novellen Graham Greens, obwohl er den Zynismus Greens nicht mochte, aber als er im Lesen so weit gelangt war, daß er diesen Gedanken fassen konnte, hatte die Novelle diesen Gedanken ebenfalls gefaßt, was sich als eine Stärke zeigte, als die Stärke der Novelle.

Er konnte gut im Liegen lesen, manchmal ganz flach auf dem Rücken liegend, die beiden Arme mit dem Buch streckte er zum Himmel hinauf, dazwischen lag allerdings die Zimmerdecke, aber er las auch gerne auf der Seite liegend und aufgestützt, symmetrisch mal auf der linken, mal auf der rechten Seite (dabei muß man die zwei Jahre abziehen, in denen Esti am linken Ellenbogen irgendeinen Hubbel hatte, so ein Ding am Gelenk, er betastete es oft, weil die Substanz merkwürdig war, weder Muskel noch Fleisch, noch Fett, irgendein Ding – auf das man sich aufstützen konnte, denn es tat nicht weh, aber nach etwa zehn Minuten kam ein heißes Prickeln auf, und aus dem Ellenbogen war jede Kraft entflohen, er kippte regelrecht um, so daß Esti nicht selten Kopf voran in sein Buch stürzte), und obwohl er nie auf dem Bauch schlief, lag er beim Lesen auch auf dem Bauch. (Dann sah er sich als Frau; warum?, das ist ein Rätsel.)

Kurz nach neun wechselte er die Lage. Wenn ich alles wüßte, wüßte ich, ob von rechts nach links oder umgekehrt. Und da brach aus ihm ein auch für ihn unerwartet mächtiges und dennoch leises Stöhnen hervor, das nah am Wimmern lag und vom Seufzen nicht weit entfernt. Er hatte das Gefühl, er sei aus Blei. Und es überfiel ihn ein Schmerz ohne konkrete Schmerzen. Das Schmerzenswort durchflutete ihn. Als wäre er aufgebläht. Als wäre er mit seinem eigenen verdorbenen Fleisch gefüllt. Um sich auszuruhen, legte er sich auf den Bauch; den Kopf bohrte er ins Kissen, als sei es Schlamm. Wie jemand, dessen Garantiezeit abgelaufen war. Da war es halb zehn.

Alt. Bin ich. Das hatte er als einen Teil des Stöhnens gesagt. Pfeifend atmete er aus wie eine gut synchronisierte Greisin. Und dabei dachte er gleichzeitig: Von jetzt an will ich ausschließlich kleine grausame Novellen schreiben. Dieser Gedanke erfüllte ihn mit einem wohligen Gefühl. Er sprang auf und merkte dabei bestürzt, wie jugendlich er das tat, er ging in sein Zimmer, zum Schreibtisch (von der abstrakten und sinnlichen Umgebung des Bettes hin zur abstrakten und etc. Umgebung des Schreibtisches) und schlug sein Ideen-Heft auf. Novellen-Ideen, die notierte er mit einem grünen Stift, die fertigen strich er rot durch, die verpatzten schwarz. Oder er vergaß, was er mit der Skizze ursprünglich vorhatte. Zuletzt hatte er das Folgende schwarz durchgestrichen: »vorsichtige Annäherung, fehlende Entscheidung, Kutteln, verschiedene Trüffelarten, verschiedene Grappaarten, ein deutsches Wort: *möge*, das Ich spricht in der dritten Person über sich, siehe Jandl!, aufquellendes Kronblatt«. Was sollte das bedeuten? Völlige Dunkelheit, wobei er nicht deshalb zum schwarzen Stift zu greifen pflegte.

Meine Begegnung mit der deutschen Sprache, so lautete die letzte grüne Eintragung. Mit Bleistift hinzugefügt und offenbar eilig notiert: 1. Onkel, Onkel, bitte Uhr. Mein lieber Neffe. Wenn du in zwei Wochen, in denen du mit Hilfe deiner Tante bei der Aneignung der deutschen Sprache auf dem aus finno-ugrischer Sicht gewiß holprigen Weg so weit vorankommst, in zehn deutschen Sätzen, und seien diese noch so kurz, begründen zu können, warum du die Uhr brauchst, bekommst du sie. Was? Nicht was, niemals was, sondern wie bitte. (Die Uhr hieß Lanco.) 2. *Schweiß*, nicht *Blut*. 3. Lacht wie ein Holzhund, diesen Ausdruck verstand niemand. Und ich verstand nicht, was man da nicht verstehen konnte. 4. Das lilafarbene Haar der Deutschlehrerin. 5. Rübenzutzler. Rüamzuzla. 6. Wenn die Soldaten durch die Stadt marschieren etc. Und das Ende des Liedes irgendwie so: drübere druntere aber auch juche (?). 7. Die gothischen Buchstaben! Und: es lebe das scharfe ß! 8. Polter! Polter! (Beim Blättern in *Fix und Foxi* zu Beginn der sechziger Jahre fragt die gestrenge Wiener

Tante mit einem Verdacht in der Stimme, was ich denn mache beziehungsweise womit ich die Zeit verbringe. Ich lerne Deutsch. Gut so, sagt sie und wirft einen kurzen Blick ins Heft, wo auf einer Doppelseite nur zwei Wörter zu sehen sind, in einer Zeichnung rollen Steine herab, und dort steht, wohl für den Klang der rollenden Steine: Polter! Polter! Ich verstehe, sagt die Fürstin eisig und verläßt den Raum. Da verstand ich plötzlich, wie Revolutionen entstehen.) 9. »Und die Deutschen haben auf alles Nutella geschmiert! Richtige Hitler-Jugend!« »Es sind keine Deutschen, sondern Österreicher.« »Das ist egal.« »Es ist nicht egal.« 10. In Polen konnte er entweder Deutsch oder Russisch reden. Das eine war peinlicher als das andere. Er versuchte es mit einem betont schlechten Deutsch. Jetzt ist es natürlich angenehm, ein Ungar zu sein, nicht wahr?! 11. Wessen Sprache, dessen Herrschaft. »Warum hast du sie ungarisch angesprochen?« »Sie haben mir lange deutsche Sätze gesagt. Und ich habe ihnen halt lange ungarische Sätze gesagt.« »Aber so habt ihr einander nicht verstehen können!« »Nein.« 12. Stiftung und Mehrheit, sagte einmal eine Frau ernsthaft, so heiße ein Buch von Goethe. Sie sagte, sie liebe mich.

Neben Ungarisch sprach Esti noch Portugiesisch, »die Sprache der Blumen«. Aber am nützlichsten war für ihn die deutsche Sprache. Diese Sprache, mit der er mit dem nicht ungarischen Rest der Welt in Berührung kam (der Rest der Welt – dabei fällt mir ein: Zehlendorf grüßt den Rest der Welt), und daher war er dieser Sprache gegenüber dankbar. Zwischen ihr und ihm gab es zwar kleine Spannungen und Befremdlichkeiten – aber Beziehungen sind halt so. Trotz allem dachte Esti manchmal überheblich: Wenn ich Deutsch könnte, könnte ich es sehr.

Sein Nichtvermögen ruhte auf zwei starken, wuchtigen Säulen. Eine dieser beiden war das fehlende Stilgefühl, oder, wie Esti zu sagen pflegte: Er wisse nicht, wo die Sätze hingehören, wisse nicht, wo sie einzuordnen sind, wisse und fühle nicht, wo ein Satz von ihm zwischen Grimmelshausen und Handke steht. Auf ungarisch wisse er das, sonst praktisch nichts, aber das schon. Seine Beziehung zu den deutschen Wörtern sei allzu praktischer Natur und ohne jede Leidenschaft und Saft. Über ein deutsches Wort würde er nie in Tränen ausbrechen oder erröten, die Wörter könnten ihn niemals demütigen, er kann mit ihnen nicht ringen. Die deutschen Wörter trotzen ihm nicht: Sie tun ihre Arbeit, wenn sie ihre Arbeit tun. Er richtet die Arbeit so ein, daß sie es tun.

Die andere Säule (die unangenehmere, weil er deren Ausmaße nicht abschätzen kann, was mit dem Problem selbst zusammenhängt): Die

unterschiedliche Beziehung der ungarischen und deutschen Wörter zu Begriffen, zur Begrifflichkeit. Er kann nicht recht ermessen (begreifen), welche greifbaren Konsequenzen dadurch entstehen, daß im Ungarischen eine Sprache der Philosophie gar nicht vorhanden ist. Es fehlen nicht nur die Wörter und Fachausdrücke, vielmehr fehlt in diesem Zusammenhang die Arbeit an der Sprache. Und infolgedessen haben sich andere Bewegungen und Reflexe entwickelt. Andere Möglichkeiten. Überhaupt entstehen durch die Tatsache, daß Ungarisch (was den Umgang betrifft) eine relativ neue Sprache ist – sagen wir, im Verhältnis zu Französisch, Englisch oder Deutsch –, mehr Spielmöglichkeiten (wobei jetzt zwischen Spiel und Arbeit nicht unterschieden werden soll), man kann die nicht strengen Regeln, Wortfolgen, Satzstrukturen und die Zeiten der Verben frei umwerfen. Die ungarische Ordnung bekommt persönliche Färbungen. Das ist natürlich ein Widerspruch. Die deutsche Sprache würde durch solch einen Widerspruch leiden, die ungarische planscht darin voller Freude (ohne zu merken, was sie nicht merkt, was ihr natürlich nicht zum Vorteil gereicht).
Eine kleine grausame Novelle. Auf deutsch werden hier sicher gleich die philosophischen Dimensionen der Grausamkeit auf die Waagschale gelegt. Die Grausamkeit, das Böse – damit wären wir gleich bei der Erschaffung der Welt oder bei Evas Apfel, ob der wurmstichig sei oder nicht; auf deutsch ist immer gleich von den letzten Dingen die Rede, alles ist immer groß und bedeutsam. Oder klein, da die Beschreibung eines konkreten Apfels ebenfalls auf der Hand liegt. Und der Unterschied zwischen den beiden Äpfeln ist klar. Das heißt, es hat alles seine Ordnung. Die deutsche Sprache liebt die Ordnung, die Unter- und Überordnungen. Sie liebt die richtigen Maße. Schaudert vor der eigenen Maßlosigkeit. Auf ungarisch gibt es keine wirklichen Maße, so daß die Ungarn ihre schauderhaften Maßlosigkeiten gar nicht erst erkennen. Die Maßlosigkeit empfinden sie als ein Zeichen der Größe, des Besonderen, der Talente. Selbstbezichtigend kritisch wäre in diesem Zusammenhang höchstens die Bezeichnung »barocke Üppigkeit«.
Wie meine ich das, überlegte Esti und strich mit der Hand über die Notizen. Er streichelte gerne Papiere. »Ich sündigte – allein – gegen das sechste Gebot.« Er mochte es, wenn er ein Blatt Papier nur schon berühren, mit ihm in eine Beziehung treten konnte. Obwohl ein Beobachter eher gesagt hätte, er segne das Blatt. Schwarze Messe.
Nun ja, unweigerlich läge in diesen Texten wegen der vergehenden Zeit eine kleine Kränkung oder gar nicht in den Texten selbst, son-

dern hinter ihnen, ein ungewolltes Jammern (Larmoyanz), und dieses Jammern wäre durch die Grausamkeit verdeckt. Durch eine kleine Grausamkeit, das ist wichtig. Es ist also nicht von blutigen Brutalitäten die Rede, nicht etwa davon, daß er aus einem Konjunktiv einen Dolch schmieden wollte oder eher noch einen Hammer, um dann so lang auf den Kopf der Mutter einzuhauen, auf den Kopf der lieben Mutter, auf ihre Stirn und das Kleinhirn, bis allmählich die richtige Stelle gefunden wird, die Schläfen, bis … wir wissen ja, wie ein solches Hämmern endet, nein, das wäre zuviel, es wäre ihm fremd, und in der soeben entdeckten Vergänglichkeit der Zeit steckt weder soviel Aggression noch soviel Kränkung. Es wäre auch übertrieben, wenn er seiner Frau, die sich im gesegneten Zustand befindet, jetzt mit einem Goethe-Zitat einen Tritt versetzen würde, so daß sie die Treppe hinunterstürzt. Eine Einstein-Paraphrase, nicht wahr. Im übrigen, wie sollte seine Frau in ihrem Alter schwanger sein?! Und von ebendieser Frage ist hier die Rede, verflixt noch mal!
Lieber möchte er sich ausmalen, daß er jemandem leise das Bein stellt. Dem er hernach vielleicht sogar auf die Beine hilft. Außer der Betroffene stürzt sich unglücklicherweise zu Tode. Denn in den kleinen Grausamkeiten steckt (versteckt) immer auch die große, das macht sie so aufregend, das ist das Reizvolle. Oder man könnte in der Straßenbahn den Jugendlichen mit einem Stock auf die Beine klopfen, auf die Waden, wenn sie einem den Sitzplatz nicht übergeben wollen oder das consecutio temporum nicht folgerichtig gebrauchen.
Esti kreiste wie ein Raubvogel (oder nicht wie ein Vogel, sondern z.B. wie ein Tiger, ein Hyänenhund, der fliegen kann) über seinen Erinnerungen.

*

Hinsichtlich der deutschen Sprache gehörten meine jüngere Schwester und ich in der zweiten Hälfte der fünfziger Jahre zu den jungfräulichen Gefilden. Zwar versuchten unsere Eltern manchmal, wenn sie sich an die eigene Kindheit erinnerten, als sie mehrere Sprachen nebeneinander ganz natürlich sprachen, mit uns Deutsch zu reden und taten dabei, als könnten sie nicht Ungarisch, aber wir wußten, daß sie es konnten. Unseren aus diesem Umstand keimenden Argwohn übertrugen wir auf die deutsche Sprache. Die deutsche Sprache ist *von Haus aus* (Deutsch im Original) duckmäuserisch, so unsere Feststellung. Sie ist unehrlich, hat heimtückische Absichten und einen verdeckten Willen. Wogegen man sich wehren muß.

Ungarn sprechen Ungarisch, diese Weisheit der Kuruczen sagten wir den Eltern offen ins Gesicht. Man erreicht so viele Menschen, wie man Sprachen spricht, antworteten sie erschrocken.

Die deutsche Sprache stellten wir uns als einen Dieb vor, der auf Zehenspitzen herumschleicht oder als heimtückische Seuche, von der selbst unsere arme Mutter und unser ebenfalls armer Vater angesteckt waren. Allerdings hatte das alles etwas Geheimnisvolles, Unbegreifliches: Warum sollten uns die Eltern dieses Übel aufzwingen wollen? Dieses unedle Etwas? Oder sollten wir etwas nicht recht verstanden haben? Jedenfalls hatte sich durch diese Unsicherheit ergeben, daß wir uns nicht mit allem Drum und Dran gegen das Deutsch wehrten, wir waren nur vorsichtig; wir zeigten unser Mißtrauen. (Für das überaus merkwürdige Verhalten der deutschen Sprache haben wir später, bei den Ferien in Österreich, als wir sie lebendig antreffen konnten, mehrfach eindeutige Bestätigungen gefunden. Ich fürchte, wir dachten, die deutsche Sprache sei eine solche ungarische Sprache, in der die ungarischen Wörter auf deutsch vorkommen. In diesem Sinn gehörte zu meinen ersten Vorschlägen, daß man auf das grundlos schmerzliche der-die-das verzichtet, indem man es durch die Verkleinerungsform ersetzt. Als ich nämlich erfuhr, daß alle Hauptwörter, die mit *chen* endeten, ein *das* nach sich zogen, freute ich mich, als hätte ich das perpetuum mobile erfunden. Im Grunde ging es um etwas Ähnliches. Ich erinnere mich, wie mir mein Vater lächelnd zunickte, als hätte er mir zu meiner Erneuerung gratuliert, die das Leben der Menschheit in neue Bahnen lenken würde, und als hätte er gleichzeitig über meine Albernheit gelacht. Soll ich jetzt sagen, daß mir die deutsche Sprache ähnlich erschien wie mein Vater: undurchsichtig?)

Aus diesen Gründen wollten unsere Eltern das Sprachstudium in einem anderen Rahmen sehen, so daß sie es aus der Oberhoheit der Familie herauslösten und die Einführung in dieses dunkle, verdächtige Dickicht einem Lehrer überließen.

Zu jener Zeit waren die Deutschlehrer Deutschlehrerinnen, für gewöhnlich waren sie – letzten Endes – österreichischer Abstammung, mehrheitlich Baronessen, deren Ehemänner hauptsächlich Offiziere des Horthy-Regimes waren, und unentwegt jammerten sie über die sich verschlechternde Weltsituation, womit sie teils die Kommunisten meinten, teils auch die zunehmend proletenhafte Art, Krawatten zu binden. Beziehungsweise, und da wurde die Angelegenheit heikel, sie meinten die verstockte und beharrliche Trägheit der Schüler, die ernsthafte Folgen hätte, und ihre schamlose Schläfrigkeit.

Unsere allererste hieß Tante Nelli (im Laufe der Zeit haben wir dann mehrere Tanten verzehrt). Die Vorbereitungen für die erste Stunde nahmen sich aus, als würden wir zu Besuch gehen, obwohl sie es war, die zu uns kam (ins Haus). Wir mußten uns umziehen, meine Mutter kochte Kaffee. Aufregung überall. Die Maße der Tante Nelli übertrafen alle Vorstellungen, als hätte sie nicht der liebe Gott, sondern Rubens erschaffen. Unser großer weißer Komondor bellte sie heftig an, und da schrie sie heiter, wie in einem Film.

Oh, wird dieser Köter mich doch bitte nicht zu verzehren wünschen?

Er hat schon gefressen, murrte mein Vater beinahe selbst wie ein Köter, aber Tante Nelli war so gerührt, in der Person meines Vaters sozusagen ihre alte, schmerzlich verlorene Welt anzutreffen (da irrte sie sich), daß sie ständig glücklich in ein Gelächter ausbrach. Finster begleitete sie mein Vater ins Haus.

Die Erwachsenen hatten einen schlechten Einfluß aufeinander, als hätten sie weiter in dem zuvor erwähnten Film gesprochen, selbst mein Vater sprach so, zwischen je zwei wohlgesetzten Konversationssätzen schwieg er allerdings entschlossen. Ab und zu wandte sich unser Gast uns zu und richtete gezierte Fragen an uns, aber nicht in der richtigen Sprache, so daß wir einfach nur schwiegen. Meine Mutter ermahnte uns.

Aber das war doch nicht Ungarisch, riefen wir.

Trotzdem könnte man etwas antworten, antwortete meine Mutter nicht sehr überzeugend.

Wenn wir das könnten, dann bräuchten wir keinen Deutschlehrer. Und schamlos fügte meine Schwester hinzu: Nespa?

Oh, wie geistreich!, schrie Tante Nelli und streckte die Hand nach mir aus, aber schnell bog ich den Kopf zurück.

Nachdem uns die Eltern allein gelassen hatten, war es, als fiele von Tante Nellis Gesicht eine Maske herab, sie wurde normal, ernst, zielbewußt, wirklich. Freundlich und streng. Trotzdem war es merkwürdig, jemanden zu sehen, einen Erwachsenen, dessen einziges Ziel es war, die deutsche Sprache in uns hineinzupressen. Als würde sie sich für nichts anderes auf der Welt interessieren, als gäbe es auf der Welt sonst nichts Interessantes. Daher konnten wir sie nie wirklich ernst nehmen.

Und dann geschah etwas, was mein *Bild* von der deutschen Sprache grundlegend bestimmte. Tante Nelli hatte sich für uns vorbereitet, Hefte mitgebracht, sehr spezielle Hefte mit breitem Rand, Bleistifte, weiche, 2 B, damit man leicht radieren konnte, und Radiergummis

brachte sie auch, die mit dem Elefanten. Sowohl während der Stunde als auch bei den Hausaufgaben mußten wir mit Bleistift schreiben, und die Fehler mußten wir ausradieren (anfangs zeigte uns Tante Nelli, wie man radieren muß; sie hat für uns vorradiert), damit es in der Welt, wie sie sagte, keine Fehler gab.
Wieso, ist die Welt sonst fehlerlos?, fragte ich keck.
Oh, wie geistreich, sagte Tante Nelli wieder, diesmal aber leise, fast streng und sogar traurig. Das zweisitzige Sofa füllte sie beinahe in der ganzen Breite aus. Wir meinten, sie sei alt, sie war etwa fünfundvierzig Jahre alt. Wenn sie saß, wurden ihre Schenkel durch das Gewicht des Bauches auseinandergepreßt. Der Bauch nahm sich wie ein Sonderteil des Körpers aus, beinahe wie ein eigenes Lebewesen. Ich ließ meinen Radiergummi fallen und kroch ihm hinterher, unter den Tisch, und dort unten begegnete ich den beiden Schenkeln. Oder eher dem Tunnel, den die beiden Schenkel bildeten. Aber ich sah nur die Unterhose. Eine Unterhose, die so groß war, dermaßen groß, daß man sie sich kaum vorstellen kann. Wie ein mächtiges weißes Segel (aus der Nähe). Eine Zeltwand. Tante Nelli unterrichtete uns aus dem Lehrbuch *Vajda-Fürst: für Anfänger.* Von oben hörte ich: Der Vater arbeitet. Ich starrte das überwältigende Weiß an. Die Mutter kocht. Verschneite Hochebenen mögen so aussehen. Was ich da anschaute, war gigantisch, rein und geheimnisvoll. Das Kind spielt. Ich war immer mehr überzeugt, daß ich dort unten, wo der Bauch begann, die deutsche Sprache selbst sah, so also sah die deutsche Sprache aus, gigantisch, rein und geheimnisvoll. Der Sohn lernt. Aus dieser unteren Welt tauchte ich mit hochrotem Kopf oben wieder auf. Soeben sagte Tante Nelli freundlich: Die Großmutter reinigt das Fenster.
Da beschloß ich, daß ... was denn eigentlich? In Sachen Erlernen der deutschen Sprache traf ich eine kindisch ernsthafte und erwachsen nicht eingehaltene Entscheidung. Von da an bemühte ich mich, das Radiergummi möglichst oft fallen zu lassen. Als ich einmal bereits mehrfach auf allen vieren unter dem Tisch herumgetappt war, senkte sich Tante Nellis schaufelgroße Hand federleicht auf meinen Kopf.
Laß den Radiergummi unten, sagte sie. Such nur, such schön ruhig. Und wenn du ihn gefunden hast, such ihn weiter.

*

Weiter, für Esti war es das schönste Wort. Er überflog die Geschichte, sie ist nicht grausam genug, sagte er sich. Aber wahr ist sie zumindest, und er zuckte mit den Schultern. Er blickte auf die Uhr, es war wieder halb zehn. Das wäre als Abschluß ganz gut, aber einen Satz habe ich ausgelassen. Esti: Mein Vater hatte in der Dolmetscherschule Prüfungen abzunehmen, an jenem Tag gleich dreimal, alle bekamen die beste Note. Die Devise hieß nämlich, daß niemand durchfallen durfte. Das erzählte er, nachdem er zu Hause angekommen war. Und bezüglich meiner Deutschkenntnisse bekam ich dann von ihm das höchste Lob. Das höchste Lob meines Lebens. Er blickte mich ernsthaft an und sagte, die waren noch schwächer als du.

Aus dem Ungarischen von Zsuzsanna Gahse

Wie ihr uns seht
Über drei Mythen vom Schreiben der Migranten

Saša Stanišić

Migranten- oder Immigrantenliteratur, interkulturelle oder multikulturelle Literatur gilt heute in Deutschland und anderswo als Begriff für Texte von Autoren, die aus einer Perspektive schreiben, welche von mindestens zwei verschiedenen Kulturen, nationalen Identitäten oder Sprachen bestimmt wird. Der »Migrantenhintergrund« ist zu einem Symptom der Gegenwart einer Welt geworden, die an Konzentrationsunfähigkeit und Hyperaktivität leidet, an Sprunghaftigkeit und Zorn. Krieg, gesellschaftliche Auflösungsprozesse, selbst Umweltprobleme führen zu chronischer Diaspora und Migration, und es gibt kein politisches Heilmittel, denn sowohl der Fundamentalismus genannte Hustensaft wie die Tablette Demokratie versagen hier.
In Deutschland trage ich den ominösen Migrantenhintergrund im Namen und im Paß mit mir herum, im kleinen Höcker meiner Nase, in meiner Neigung zu knoblauchreichem Essen, vor allem aber in meiner Vergangenheit, bin ich doch auf der Flucht vor einem Bürgerkrieg in ein anderes Land gelangt, eine andere kulturelle Umgebung, in ein anderes Erziehungssystem und eine andere Form der Politik. Auch bin ich zu anderen Aromen und Gerichten geflohen, zu Eisenbahnzügen, die aus irgendeinem wunderbaren Grund nach Seen, Wissenschaftlern oder Schlössern benannt sind, sogar zu einer anderen Gebärde der Friseure beim Halten der Schere. Nach alledem habe ich einen Roman in einer anderen Sprache geschrieben als der, die ich mit dem Wachsen meiner Milchzähne gelernt habe, und habe viele Überlegungen zu meiner »Migranten«schriftstellerei im besonderen und viele Ansichten zur »Migrantenliteratur« im allgemeinen kennengelernt.
Auch beim Lesen meiner Kollegen, der anderen schreibenden Migranten, bin ich einer Reihe von Vorurteilen begegnet, wie und worüber Ausländer erzählen sollten (und wie nicht und worüber nicht). Allerdings haben meine »Migrantenkollegen« und ich nicht soviel gemeinsam, wie manche Kritiker und Philologen gerne sähen; es ist sehr schwierig, uns ordentlich nebeneinander in einem Regalfach unterzubringen. Ich würde behaupten, daß bei einem Roman die Farbe des

Einbands literarisch stärker verbindet als der jeweilige biographische Hintergrund. Dann wird immer betont, wie sehr sich durch uns die Literatursprache anreichert, aber auch das führt zu seltsamen Mythenbildungen: Es gibt den eigenartigen Drang, die Exotik des Stils und der Technik, mit der zu »experimentieren« die Migrantenautoren »kühn genug« sind, zu fetischisieren, als wäre diese Exotik ein von zu Hause mitgebrachtes Talent. Schließlich das am stärksten Irritierende: Man traut der Weltsicht der Migranten (falls es eine solche Weltsicht wirklich gibt) viel zuviel zu. Dieses übertriebene Vertrauen beruht lediglich darauf, daß sie den Multikulturalismus ein klein wenig gründlicher erlebt haben als der Leser, der einmal wöchentlich ins Thairestaurant geht.
Ich werde nun auf alle drei benannten Widersprüche zwischen dem Bild der Migrantenliteratur, das Medien, Leser und Literaturkritik gerne sähen, und der Vorstellung, die ich von dieser »Art« Literatur habe, eingehen. Wobei ich bereits bemerkt habe, daß diese »Art« Literatur eben nicht strikt vom Allgemeinen einer Nationalliteratur und ihrer Traditionen getrennt werden kann oder getrennt werden sollte.

Mythos Nr. 1: Philologisch gesehen ist Migrantenliteratur eine selbständige Kategorie, die insofern im Bezug zu den jeweiligen Nationalliteraturen eine fruchtbare Anomalie erschafft.

Von einer »Migrantenliteratur« zu sprechen ist schlicht falsch, wegen seiner falschen Schlichtheit. Die Formen der Migration und der jeweilige Grad der Integration ausländischer Schriftsteller sind allzu verschieden, als daß sich all dies zu einem Begriff bündeln ließe – von den einzigartigen Lebensläufen und den ganz verschiedenen kulturellen, religiösen oder sozialen Gewohnheiten abgesehen. Selbst diese rein äußerlichen Züge der literarischen Produktion deuten auf die große Verschiedenheit jener Erfahrungen, möglicher Themen und intellektueller Einflüsse, die Teil der Texte werden oder diese ganz und gar konstituieren können. Das Ziel objektiver Kritik muß es sein, über die Biographie des Autors hinauszugelangen und sich auf die Themen des Werks zu konzentrieren.
Eine russische Jüdin kommt nach Deutschland, verliebt sich in einen deutschen Studenten und schreibt ein Buch über eine russische Jüdin, die nach Deutschland kommt und sich in einen deutschen Studenten verliebt – ein komisches, stilistisch und strukturell »sauberes« Buch voll harmloser Ironien und russischer und deutscher Klischees.

Ein Bulgare, geboren in Sofia und in Kenia aufgewachsen, studiert in Deutschland und schreibt einen Roman über einen britischen Forschungsreisenden und Kolonialbeamten des neunzehnten Jahrhunderts, Sir Richard Burton – ein eindringliches, vielstimmiges Porträt eines exzentrischen Abenteurers.

Diese beiden Beispiele aus der deutschen Gegenwartsliteratur (Lena Gorelik und Ilija Trojanow) – und man könnte natürlich weit zurückgehen und eine endlose Reihe erlesener Namen anführen: Heine, Nabokov, Mann usw. – zeigen, daß die Rede von der »Migrantenliteratur« einen viel zu scharfen Umriß um eine Vielfalt von Büchern legt, die eigentlich nur verbunden sind durch vage und nachrangige Fakten: Herkunft und sozialer Status der Autoren.

Wenn man schon in Kategorien zu denken entschlossen ist, dann könnte man immerhin im Plural von verschiedenen Migrantenliteraturen sprechen und hierzu andere, kleinere Kategorien entwickeln – etwa »Literatur ausländischer Arbeiter in den sechziger Jahren«, »Deutsch-türkische Literatur«, »Literatur von deutsch-polnischen Migrantinnen der zweiten Generation, die sich in den späten Achtzigern als Hausfrauen tödlich langweilten und einen Roman über die Brustbehaarung des Nachbarn schrieben«. Selbst dies würde eine der Hauptfunktionen von Literatur außer acht lassen: Literatur als Akt grenzenloser Kreativität und Erfindung einerseits, als Spiel von Bezügen und Verbindungen andererseits. Man muß auch jene Autoren berücksichtigen, die Einwanderer sind oder einer Minorität angehören und sich trotzdem entschieden haben, gar nichts über Migrationsfragen zu schreiben.

Nach alledem glaube ich, daß Migrantenliteratur sich sehr viel sinnvoller im Hinblick auf ihre Themen und in bezug auf ihre literarischen Voraussetzungen (Genre, Stil, Tradition usw.) erörtern ließe. Diskurse über Gegenstände oder Perspektiven, die einen ästhetischen Ansatz verfolgen, insbesondere im Kontext der jeweiligen Nationalliteratur, sind viel wichtiger für das Verständnis eines Werkes und die Beurteilung seiner Qualität, als es das Privatleben des Autors je sein könnte.

In manchen Ländern mit hoher Einwanderungsrate, in Deutschland beispielsweise, ist die Minoritätskultur längst ein fester Bestandteil der Gesellschaft geworden. Texte von Migrantenautoren sind nicht länger ein Randphänomen, sondern ein Bezugspunkt innerhalb des vertrauten Kontinuums der Literatur. Das ist auch gut so, denn so fällt endlich der Bonus des Exotischen weg. Migrantenliteratur ist keine Insel im Meer einer Nationalliteratur, sondern ein Teil des Ozeans, sowohl in den Tiefen, wo die alten Kraken der Tradition hausen, wie an der Oberfläche, wo die popkulturellen Wellen an den Strand schlagen.

Mythos Nr. 2: Migrantenliteratur hat als ausschließliches Thema die Migration und die Multikulturalität. Migrantenautoren haben eine engere und deshalb interessantere Beziehung zu den hiermit verbundenen Fragen.

Kürzlich sprach ich mit dem deutsch-polnischen Autor Artur Becker, der eben seinen achten Roman abgeschlossen hatte. Er erzählte mir, er würde immer einen einzigen ästhetischen und metaphysischen Topos umkreisen: Geschichten, die zwischen zwei Kulturen spielen. Man könnte sein Œuvre als Literatur kultureller Synthese bezeichnen. Weitere »charakteristische« Themen von Migrantenautoren sind Fragen der Identität, der Heimat und des Überquerens kultureller Grenzen, was zu so faszinierenden Romanhandlungen führt wie: »Heiliger Strohsack! Meine Tochter will einen Deutschen heiraten! Zuerst werde ich das vollkommen ablehnen, dann lehre ich ihn, daß auch ein Strohsack heilig ist, und wenn er am Ende gelernt hat, auf hindi ›Wie geht's?‹ zu sagen, und mir auf der deutschen Autobahn das Leben rettet, dann akzeptiere ich ihn als Schwiegersohn.«

Tatsächlich befassen sich die meisten Werke von Migrantenautoren, die ich gelesen habe, auf die eine oder andere Weise mit einer einzigen (oft autobiographischen) Migrationserfahrung. Diese einfache statistische Beobachtung spricht für sich. Doch führen solche Prozentanteile meiner Meinung nach zu vorschnellen und unscharfen Annahmen hinsichtlich der Themen, die angeblich für einen Autor mit bestimmtem Erfahrungshintergrund »reserviert« sind. Jeder »gute« Schriftsteller sollte jederzeit in der Lage sein, einen »guten« Roman über ein Kind, das Krebs hat, zu schreiben, über ein Huhn mit drei Beinen oder einen krummen Hund, der die Geschichte eines Migrantenautors erzählt, ohne dabei jemals mit einem krebskranken Kind gesprochen, Hühner gezüchtet oder meine Bekanntschaft gemacht zu haben. Wer schreibt, der erfindet Welten, die nicht Teil der Welt des Schreibenden sind. Durch Recherchen, Reisen, Gespräche und andere Methoden, sich dem Unbekannten zu nähern, jene Erfahrungen liegen in Reichweite jedes Schriftstellers. Obwohl er das von sich weisen kann, vermag jeder Autor, sich mit neuen Aspekten des Lebens vertraut zu machen und aus ihnen das »Erzählbare« zu konstruieren, indem er sich eine Perspektive oder eine Stimme aussucht, die möglicherweise einem anderen Autor, der mitten in diesem Thema

lebt, niemals eingefallen wäre. Ich finde Nicht-Migranten, die schreibend hinter die für Migranten »reservierten« Themen zu kommen versuchen, ebenso bemerkenswert.
Ich bin immer sehr am zweiten oder dritten Buch eines Migrantenautors interessiert – dem Buch, das er schreibt, nachdem er seine Exilgeschichte erst einmal aufgearbeitet hat. Ich finde, es liegt eine größere Herausforderung darin, mitzuerleben, wie jemand aus einer bestimmten kulturellen Zone seine neue Umgebung betrachtet, ohne dabei ständig das »Neue« an ihr hervorzuheben. Es ist jede erdenkliche Anstrengung wert, eine alltägliche Geschichte mit der Stimme eines kleinen deutschen Angestellten zu erzählen, eine Liebesgeschichte ohne das exotische Flair einer interkulturellen Umarmung zu schreiben oder von einem Krieg zu berichten, der nicht in dem Land stattfindet, aus dem der Autor geflohen ist.
Für die Frage, ob ein Werk literarischer Fiktion bedeutend ist, ist der Umstand, daß der Autor ein Migrant ist, ebenso wesentlich wie der, daß er ein Typ namens Jeff aus einer dreitausend Einwohner zählenden Kleinstadt in South Carolina ist, der in der Garage einen Ford Mustang Kabrio (Baujahr 1967) stehen hat. Also, um es unumwunden zu sagen, gar nicht. Derartiges macht ein Buch nicht zu etwas irgendwie Besonderem. Es wird deshalb nicht wichtiger, dieses Buch zu rezensieren. Die Qualität des Textes erhöht sich nicht automatisch durch den Umstand, daß der Autor fünf Kriege überlebt hat und nun der Welt davon erzählt. Biographische Tatsachen (und Legenden) werden immer ihren Reiz für Leser und Kritiker haben. Ich halte sie, so aufregend sie sein mögen, für bedeutsam nur bei der Bewertung nichtfiktionaler biographischer Werke.

Mythos Nr. 3: Ein Autor, der nicht in seiner Muttersprache schreibt, bereichert die Sprache, in der zu schreiben er sich entschlossen hat.

Fragt man mich, ob es schwer ist, in einer Sprache zu schreiben, die ich so spät gelernt habe (ich war vierzehn), antworte ich: Nein. Ich würde sagen, es ist nie zu spät, eine Sprache zu lernen, es frißt nur mehr Zeit weg, die man normalerweise, wenn man älter wird, beim Angeln verbringen würde. Es ist an sich nichts Besonderes an dem Umstand, daß man in einer fremden Sprache schreibt, wenn man meint, man könne sie hinreichend produktiv gebrauchen.
Für mich ist das Schreiben an sich eine fremde Sprache. Für jede Kurzgeschichte, für jedes Stück, für jede neue Schöpfung muß ich eine neue Sprache lernen. Ich muß die Stimme des Erzählers erfinden, ich

muß mich für die speziellen verbalen Züge meiner Figur entscheiden, und ich muß den Rhythmus und Fluß des Ganzen erlernen und aufrechterhalten.

Viele Autoren, die jetzt durch den Filter einer fremden Sprache hindurch schreiben, mußten sich an irgendeinem Punkt ihrer Laufbahn entscheiden, welche Sprache sie gebrauchen wollten. Da ich nie so gescheit wie Nabokov oder Kundera war, habe ich die Möglichkeit, als Autor zweisprachig zu werden, gar nicht erst erwogen. Für mich war es eine rein pragmatische Frage. Ich nahm meine »bessere« Sprache – Deutsch.

In einer Rezension meines Romans schrieb ein bekannter Kritiker: »Stanišić legt unser altes Deutsch unter das Sauerstoffzelt.« Ich nahm das natürlich als Kompliment und prahlte viel damit (wie hier). Trotzdem macht es mich sehr mißtrauisch, wenn im Hinblick auf literarische Qualität der Umstand, daß ein Autor in seiner zweiten oder gar dritten Sprache schreibt, zu günstigeren Kritiken führt, auch wenn der »ungewöhnliche« Gebrauch von Sprachkonstruktionen hervorgehoben wird, die »exotischen« Figuren und das »üppige« Vokabular. Wenn man einen Migrantenautor für jedes kleines Sprachspiel lobt, das er versucht, dann sagt man – ich übertreibe ein klein wenig – im Grunde bloß: »Jetzt schaut euch an, wie gut der Ausländer Deutsch gelernt hat.« Natürlich kann das vorsichtige Eindringen in eine zweite Sprache zu wunderbaren Ergebnissen führen – durch unmittelbare Übersetzung von Wendungen und Redensarten, durch strukturelle Transformationen und rhythmische Nachahmungen und selbst durch Neologismen, die von der alten Sprache inspiriert werden. Das ist eine gute Schreibstrategie, aber nur, wenn man sie durchdacht und logisch betreibt und nicht bloß, um einen »Sound« oder ein diffuses »Gefühl« zu erzeugen.

Wenn Kritiker es auch unbequem finden mögen, daß ein Autor in seiner Geburtssprache und in der einheimischen künstlerischen Tradition Wörter und Bilder verwendet, die ungewöhnlich, fruchtbar, einzigartig sind, so ist es doch für einen einheimischen Autor weder unmöglich noch verboten, zu experimentieren, ungewöhnliche Sprachstrukturen zu erzeugen oder mit den Märchen und Mythologien anderer Nationen zu arbeiten. Die Sprache ist das einzige Land ohne Grenzen. Jeder kann (und sollte) von dem Privileg Gebrauch machen, eine Sprache größer, besser und schöner zu machen, indem er dort einen Wortbaum pflanzt, einen noch nie zuvor gezüchteten.

Aus dem Englischen von Joachim Kalka

Hinterm Bahnhof

Navid Kermani

Ich laufe jeden Tag durch mein Viertel hinterm Bahnhof, den Eigelstein. Ich höre hier was Arabisches, dort Polnisch, links etwas, was nach Balkan klingt, Türkisch sowieso, vereinzelt Persisch, das mich aufhorchen läßt, Französisch (von Afrikanern), asiatische Sprachen, auch Deutsch, gesprochen in den unterschiedlichsten Färbungen und Qualitäten, von Blonden ebenso wie von Orientalen, Schwarzen oder Gelben. Das ist nicht immer nur angenehm, die Penner, die vielen schwarzen Kunstlederjacken (vielleicht auch aus echtem Leder, was weiß ich denn), o Gott die goldenen Vorderzähne der schwarzhaarigen Frauen, die lange bunte Röcke und ein Baby im Tuch tragen, die zweiten und dritten Kinder an der Hand und vorneweg, die Jugendlichen, die herumlungern, die Drogenabhängigen und die mit einem Hau, die ihr Wohnheim hinter »Unter Krahnenbäumen« haben, wie die Straße tatsächlich heißt, dazwischen einige Muslime mit verdächtig langen Bärten. Nicht nur hinterm Kölner Hauptbahnhof breitet sich diese Wirklichkeit aus. Auch in anderen Großstädten Europas findet man die Mischung aus türkischen Gemüseläden, chinesischen Lebensmitteln, die iranischen Spezialitäten von Herrn Bahrampur, die traditionellen und Selbstbedienungsbäckereien, die Aneinanderreihung von Handyshops und Internetcafés, die Billighotels, Sexshops, Brautmoden, die Szenekneipen und die Tee- oder Kaffeehäuser für Türken, Albaner, Afrikaner, Türken mit und ohne Alkohol, die schicken und die schäbigen Restaurants, Thaimassageläden, Wettbüros mit und ohne Alkohol, dazwischen das eine oder andere Uraltgeschäft für Haushaltswaren oder Stempel zwischen Tchibo und Eduscho, an der Hauptstraße das Flüchtlingshaus mit Romas, die die Glasscheiben abmontiert haben, um Satellitenschüsseln in die offenen Fenster zu stellen, und auf dem Mittelstreifen die geklauten Fahrräder deponieren, dazwischen im Winter immer wieder ein Stoßtrupp blau oder rot uniformierter älterer Herren mit Spitzhut und Degen, eine Schar von Indianern oder eine Horde halbnackter Hunnen – Karnevalsgesellschaften. Von was leben die Händler, die in ihren überdimensionierten Läden alle die gleichen zwanzig Batterien für einen

Euro fünfzig anbieten? Bestimmt nicht von den Batterien, wenn gleichzeitig die alten, gut besuchten Fachgeschäfte die steigenden Mieten eines nach dem anderen nicht mehr bezahlen können. Die Völkerverständigung findet bei Humba und Täterä an vier langen Theken am Anfang oder Ende des Eigelsteins statt, an denen die häßlichsten Nutten der Welt bei immer offenen Fenstern mit dicken Deutschen genauso anstoßen wie mit trunkenen Türken. Das sind die neuen Zentren, bei uns im Eigelstein weit weniger aggressiv als anderswo, nein, oft sogar idyllisch übers Sagbare (und hier Gesagte) hinaus. Sie sind nichts weniger als rein. Sie haben nichts zu tun mit der Geschichte des Ortes, doch radieren sie die Geschichte auch nicht aus, schon gar nicht die zweitausendjährige von Köln. Als wollten sie den Namen Colonia auf seine wörtliche Bedeutung zurückführen, sind sie wie Kolonien von Fremden, aber von vielen unterschiedlichen Fremden, die sich auch gegenseitig fremd sind, wie sie in den Internetcafés nebeneinander vor den Computern sitzen oder in Gruppen vor den Callshops stehen. Oft denke ich, ob sie wohl ebenfalls nahe Tanger ins Boot gestiegen sind, nachts unterhalb einer Böschung, nur daß ihr Boot weder untergegangen noch abgefangen worden ist – lauter Erfolgsgeschichten also, auch wenn sie immer noch zu fünft ein Zimmer teilen und Angst haben vor der Polizei? Iran neunzehn Cent, Türkei neun, Bangladesch vierundzwanzig. Das sind keine Randgesellschaften. Sie wabern aus von der Mitte der Stadt. Die Ränder sind es, die noch den Anschein einer Homogenität erwecken. Dort ist die Stadt abgegrenzt nach sozialen Unterschieden. In der Mitte ist alles übereinandergestürzt. Ich gehe durch das Viertel, ich höre hier was Arabisches, dort Polnisch, links etwas, was nach Balkan klingt, Türkisch sowieso, vereinzelt Persisch, sonst Französisch, Asiatisch, Deutsch in den unterschiedlichsten Färbungen und Qualitäten. Ich verstehe die Hälfte nicht, wirklich die Hälfte. Und von der Hälfte, die ich verstehe, verstehe ich meist nur die Hälfte, weil es schon wieder hinterm Fenster oder der Ladentür verschwunden ist, schlecht artikuliert oder zu weit entfernt, ich zu schnell vorbei oder die anderen zu schnell vorbei an mir. Ich führe die Sätze selbst zu Ende oder denke mir ihren Anfang, ich stelle mir Geschichten vor, die nicht in Herne oder im Zweiten Weltkrieg spielen, sondern in chinesischen Provinzstädten, nigerianischen Universitäten, in Booten, Containern und an Flughäfen.

Über die Autoren

Marica Bodrožić (geb. 1973) lebt als freie Schriftstellerin und Übersetzerin in Berlin. – Zuletzt erschienen: *Lichtorgeln. Gedichte.* Salzburg / Wien: Otto Müller 2008, *Sterne erben, Sterne färben. Meine Ankunft in Wörtern. Autobiografische Prosa.* Frankfurt a. M.: Suhrkamp 2007.

Bernd Busch (geb. 1954) ist seit 2003 Generalsekretär der Deutschen Akademie für Sprache und Dichtung.

Péter Esterházy (geb. 1950) lebt als freier Schriftsteller in Budapest. – Neuere Veröffentlichungen: *Deutschlandreise im Strafraum.* Berlin: Berliner Taschenbuch Verlag 2008, *Einführung in die schöne Literatur.* Berlin: Berlin Verlag 2006.

Aris Fioretos (geb. 1960) ist freier Schriftsteller, lebt und arbeitet in Stockholm und Berlin. – Zuletzt erschienen: *Das Maß eines Fußes.* Essays. München: Hanser 2008, *Die Wahrheit über Sascha Knisch.* Köln: DuMont 2003.

Clemens-Peter Haase (geb. 1959) arbeitet als Leiter des Bereichs Literatur und Übersetzungsförderung in der Zentrale des Goethe-Instituts in München.

Adel Karasholi (geb. 1936) lebt als Schriftsteller und Übersetzer in Leipzig. – Neuere Veröffentlichungen: Mahmoud Darwish: *Wo du warst und wo du bist.* Gedichte. Aus dem Arabischen von Adel Karasholi. München: A1 Verlag 2004, *Wie fern ist Palästina?* Fotos von Mahmoud Dabdoub. Gedichte von Adel Karasholi. Leipzig: Passage 2003.

Navid Kermani (geb. 1967), Orientalist, arbeitet als freier Schriftsteller in Köln. – Zuletzt erschienen: *Kurzmitteilung.* Roman. Zürich: Ammann 2007, *Ayda, Bär und Hase.* Kinderbuch. Wien: Picus 2006.

José F. A. Oliver (geb. 1961) ist freier Schriftsteller und lebt in Hausach. – Zuletzt erschienen: *Mein andalusisches Schwarzwalddorf.* Essays. Frankfurt a. M.: Suhrkamp 2007, *Unterschlupf.* Lyrik. Frankfurt a. M.: Suhrkamp 2006.

Emine Sevgi Özdamar (geb. 1946) lebt als Schriftstellerin in Berlin, arbeitet als Schauspielerin und Regisseurin für das Theater. – Neuere Veröffentlichungen: *Sonne auf halbem Weg. Die Istanbul-Berlin-Trilogie.* Köln: Kiepenheuer und Witsch 2006, *»Kendi Kendinin Terzisi Bir Kambur«. Ece Ayhan`lı Anılar, 1974 Zürih Günlüğü.* Istanbul: Yapı Kredi Yayınları (YKY) 2007.

Uwe Pörksen (geb. 1935), emeritierter Professor für Sprache und Ältere Literatur in Freiburg i. Br., Schriftsteller und Herausgeber. – Zuletzt erschienen: *Wilhelm Lehmann zwischen Naturwissen und Poesie.* Hg. von Uwe Pörksen. Göttingen: Wallstein 2007, Rainer Maria Gerhardt: *Umkreisung.* Das Gesamtwerk. Hg. von Uwe Pörksen in Zusammenarbeit mit Franz Josef Knappe und Yong-Mi Quester. Göttingen: Wallstein 2007.

Ilma Rakusa (geb. 1946) arbeitet als Schriftstellerin, Übersetzerin und Publizistin in Zürich. – Zuletzt erschienen: *Durch Schnee.* Frankfurt a. M.: Suhrkamp 2006, *Zur Sprache gehen.* Dresden: Thelem 2006.

Tuvia Rübner (geb. 1924), emeritierter Professor für Vergleichende Literaturwissenschaft an der Universität Haifa, ist Dichter und Übersetzer. – Zuletzt erschienen: *Wer hält diese Eile aus.* Gedichte. Aachen: Rimbaud 2007, *Ein langes kurzes Leben. Von Preßburg nach Merchavia.* Aachen: Rimbaud 2004.

Lerke von Saalfeld (geb. 1944) lebt als freie Kulturjournalistin in Stuttgart. – Zuletzt erschienen: *Swetlana Geier. Leben ist Übersetzen. Gespräche mit Lerke von Saalfeld.* Zürich: Ammann 2008, *Ich habe eine fremde Sprache gewählt. Ausländische Schriftsteller schreiben deutsch.* Hg. von Lerke von Saalfeld. Gerlingen: Bleicher 1998.

Saša Stanišić (geb. 1978) ist freier Autor; er lebt in Leipzig und Langenthal, veröffentlicht online unter: www.kuenstlicht.de, www.iwontfogetyou.de und www.netznotizen.de. – Zuletzt erschien: *Wie der Soldat das Grammofon repariert.* Roman. München: Luchterhand 2006. Das Schauspielhaus Graz zeigt momentan dessen Bühnenfassung, auch Stanišićs musikalische Komödie »Go West« ist dort zu sehen.

Yoko Tawada (geb. 1960) arbeitet als freie Schriftstellerin und lebt in Berlin. – Zuletzt erschienen: *Das nackte Auge*. Tübingen: Gehrke 2004, *Sprachpolizei und Spielpolyglotte*. Tübingen: Gehrke 2007.

Ilija Trojanow (geb. 1965), lebt als Schriftsteller, Übersetzer und Verleger in Wien. – Zuletzt erschienen: Ilija Trojanow und Ranjit Hoskote: *Kampfabsage. Kulturen bekämpfen sich nicht – sie fließen zusammen.* Aus dem Englischen von Heike Schlatterer. München: Blessing 2007, *Nomade auf vier Kontinenten. Auf den Spuren von Sir Richard Francis Burton*. Frankfurt a. M.: Die Andere Bibliothek / Eichborn 2007.

Galsan Tschinag (geb. 1944) ist freier Schriftsteller, lebt in Ulaanbaatar / Mongolei und reist regelmäßig nach Europa. – Neuere Veröffentlichungen: *Die Rückkehr. Roman meines Lebens*. Frankfurt a. M.: Insel 2008, *Die neun Träume des Dschingis Khan*. Frankfurt a. M.: Suhrkamp 2007.

Harald Weinrich (geb. 1927) ist emeritierter Professor für Deutsch als Fremdsprache an der Universität München und für Romanistik am Collège de France in Paris und arbeitet als Linguist und Schriftsteller. – Zuletzt erschienen: *Vom Leben und Lesen der Tiere: Ein Bestiarium.* München: C.H. Beck 2008, *Wie zivilisiert ist der Teufel? Kurze Besuche bei Gut und Böse.* München: C.H. Beck 2007.

Nachweise

Péter Esterházy: Der Vortrag »Kornél Estis Abenteuer mit der deutschen Sprache – eine Skizze –« wurde von Péter Esterházy beim Symposium zum 75jährigen Jubiläum der Alfred Toepfer Stiftung F.V.S. am 27. Januar 2007 in Hamburg gehalten.

Narvid Kermani: »Hinterm Bahnhof«. Erstdruck in: *Neue Zürcher Zeitung,* 3.4.2008.

Saša Stanišić: »Wie ihr uns seht. Über drei Mythen vom Schreiben der Migranten«, zuerst veröffentlicht in englischer Sprache: »How You See Us: on Three Myths about Migrant Writing« unter http://fog.its.uiowa.edu/~iwp/EVEN/documents/Stanisic.doc.

Ilija Trojanow: Der Vortrag »Mutmaßungen über die eigene Fremde« wurde von Ilija Trojanow bei der Verabschiedung des Generalsekretärs des Instituts für Auslandsbeziehungen (ifa) Kurt-Jürgen Maaß am 8. Juli 2008 im Neuen Schloss in Stuttgart gehalten.

Harald Weinrich: Der Vortrag »Ein Rinnsal, das Fluss und Strom werden wollte. Zur Vorgeschichte des Adelbert-von-Chamisso-Preises« wurde von Harald Weinrich zum Abschluss der »Chamisso-Tage an der Ruhr« am 20. Oktober 2007 im Rathaus der Stadt Dortmund gehalten. Wir danken der Robert Bosch Stiftung für die freundliche Genehmigung des Abdrucks.

Bibliografische Information der Deutschen Nationalbibliothek
Die Deutsche Nationalbibliothek verzeichnet diese Publikation in der Deutschen Nationalbibliografie;
detaillierte bibliografische Daten
sind im Internet über http://dnb.d-nb.de abrufbar.

Redaktion: Annette Göbel-Lunemann
Deutsche Akademie für Sprache und Dichtung
Alexandraweg 23, D-64287 Darmstadt
www.deutscheakademie.de

www.wallstein-verlag.de
Vom Verlag gesetzt aus der Stone Sans und der Futura Heavy
Druck: Hubert & Co, Göttingen

ISBN 978-3-8353-0322-5